KB040798

엄마는 오늘도
열심히 노는 중입니다

엄마는 오늘도
열심히 노는 중입니다

김미경 지음

바이북스
ByBooks

소소한 것에서 '나'를 찾았다

2015년 6월은 내 인생의 전환점이었다.

당시 나는 심한 스트레스로 인한 면역력 약화로 2주간 입원을 했다. 메르스가 창궐하던 때라 병원 면회도 쉽지 않았던 때기도 했지만, 막상 병원에 있어 보니 나 혼자였다. 그리고 나이를 처음 체감했다. 그전에는 숫자의 무게였지만 그때부터는 세월의 무게로 나를 누르기 시작했다. 그 무게는 참 무거웠다.

퇴원 후 병가 두 달을 보내면서 '나'를 생각했다. 누워보니 남편도 아이도 다 남이라는 생각이 들었다. 결국 '나'밖에 없는 거구나. 그리고 막상 집에 있어 보니 내가 할 일이 없었다. 그냥 그렇게 시간을 보내며 집에 있는 두 달은 우울증이 도질 만큼 힘들었다. 만약 내가 지금 퇴직을 한다면 '나는 무얼 하며 살아야 하는 걸까? 아무런 준비 없이 퇴직을 하게 된다면 정말 힘들겠구나. 그런데 내가 하고 싶은 일은 뭘까? 나는 무엇을 좋아하는 걸까? 내가 무엇을 할 때 가장 행복한 걸까?' 끊임없이 질문을 던져 보았지만 정말 알 수가 없었다. 직장다니고 아이 키우면서 정작 나에 대해서는 생각해 본 적도 없었고 아는 것도 없었다.

병가를 마치고 직장에 복귀하면서 나를 위해 시간을 써야 한다는 생각이 들었다. 운동을 시작하고 악기와 어학을 배우며 나에 대해 시간과 돈을 투자하기로 했다. 무료함이 생산적인 것으로 바뀌면서 보람있게 보낸다는 사실이 내게 위안이 되어 2, 3년을 그렇게 보냈다. 하지만 그도 그리 재밌지는 않았다. 그러다가 우연히 독서 모임을 알게 되었다. 책을 읽으며 내가 어릴 적 책 속에 묻혀 살았던 기억을 떠올렸고, 성인이 되어 읽은 그때의 책들을 전혀 다른 시각으로 보게 되면서 그동안 나의 성장과 사유의 변화를 느끼기 시작했다. 어릴 적 읽은 책에서는 그 당시의 환경과 장소와 사람이 그대로 남아 있었고 육아와 일로 묻고 살았던 나의 모습들이 기억의 밑바닥으로부터 하나, 둘 떠올랐다.

그래 맞아. 나는 이렇게 살았고 이런 사람이었어…

내게 독서모임은 단순히 책을 읽는 모임이 아니었다. 과거의 나를 찾고 어릴 적 글을 쓰고 싶어 했던 나의 모습을 떠올리게 하는 일들이었다. 독서모임은 책을 읽고 토론하는 단계를 지나 발췌를 하고 논제를 뽑고, 서평이나 리뷰를 쓰고 원작이 있는 영화를 찾아보게 했고 이는 다시 공연이나 전시에 대한 관심으로 이어졌으며, 책 속에 등장하는 장소나 작가들이 추천하는 장소들을 찾아다니는 재미까지 얻게 했으니 당연히 삶이 바빠질 수밖에 없었다. 그런데 신기한 건 그 이후로 아프다는 말이 쏙 들어갔다는 거다. 특히 아예 30대부터 어깨에 매달고 살던 근육뭉침을 비롯해 목이며 허리, 손목 등 여기저기 아프다는 소리가 현저히 줄어들었다. 몸으로 나타났던 심인적 요소들이 내가 주도적으로 살게 되면서 많이 해소가 되었었나 보다.

영화 〈어나더 라운드〉와 〈쉘 위 댄스〉의 공통점은 무료한 50대가 아주 작은 삶의 변화로 살아가는 의미를 찾는다는 점이다. 〈어나더 라운드〉는 '술'로, 〈쉘 위 댄스〉는 '춤'으로 매개체가 다를 뿐 영화가 시사하는 점은 유사하다. 30대는 열정으로, 40대는 사회경쟁 구조 속에서의 치열함으로 보내고, 50대는 가정도 직장도 어느 정도 안정이 되자 무료함과 공허함을 느끼는 시기다. 두 영화에서는 매일 똑같은 일상 속에서 지쳐가던 중년 남성들이 술의 농도 실험이나 댄스학원 등록이라는 아주 사소한 행위로 '살아 있는' 나를 찾아간다. 똑같은 일상에서 점 하나에 해당하는 요소를 더 했을 뿐인데 삶의 변화와 생동감은 엄청난 차이를 가져왔다. 세상은 거대하지만, '나'는 그렇게 커다란 것에서 찾아지는 것은 아니다. 나를 찾고 살아있음과 살아

엄마는 오늘도 열심히 노는 중입니다

가는 의미를 얻는 것은 아주 소소한 것, 정말 평범한 일상에서다. 이 책은 그런 얘기다.

직장에서 후배들 또한 나와 비슷한 상황을 겪고 있음을 많이 본다. 그럴 때 나는 가족에서 벗어나 내가 하고 싶은 일을 찾아보자고 말한다. 커다랗게 사업을 벌이고 멋진 카페를 차리는 큰 덩어리의 일이 아니라 탁구를 치든, 여행을 하든, 휴대폰 사진을 찍든, 나를 위한 시간을 쓰자는 말이다. 코로나에서 배운 유일한 것은 행복이 멀리 있는 게 아니라 가고 싶은 데 가고, 먹고 싶을 때 먹고, 보고 싶을 때 사람들을 만나는, 아주 사소하고 기본적인 것이라는 것을 깨달음이 아니던가.

이 책을 읽은 독자들이 지금의 공허함은 나만 그런 게 아니라는 위로와 함께 영화 속 주인공처럼 어제와 같은 삶이지만 내가 좋아하는 일로 삶에 점 하나를 더해 탄력 있는 삶으로 전환이 되는 기적이 일어났으면 하는 바람이다. 기적은 외부에서 오는 게 아니라 나의 내면에서 찾아온다. 한번 인생, 뭐 있냐고. 지금 여기 이 순간을 잘 놀아보자고. 이제는 나로 한번 살아봐도 되지 않겠냐고 하는 말은 여전히 내 귀에 대고 하는 속삭임이기도 하다.

차례

Part 1

수고했어, 쉬지 않고 달려오느라

Part 2

괜찮아, 이제 나만 생각해도 좋아

Part 3

꿈꿔봐, 무얼 할 때 가장 행복하니

Part 4

놀아봐, 우아하게, 멋나게

새로운 행복을 찾는
당신에게

Part 5

걱정하지 마, 우린 나이 드는 게
아니라 익어가는 거야

멋진 마무리를
준비하는 당신에게

인생 제2막을
시작하는 당신에게

수고했어,
쉬지 않고
달려오느라

여름은
우리의 것이기도
하니까

영화 〈괜찮아요, 미스터 브래드〉의 주인공 브래드는 비영리 자선 사업을 하는 평범한 가장이다. 그는 저명한 작가, 유명한 영화감독, 대단한 재력가가 된 대학 동창들과 자신을 계속 비교하면서 스스로 점점 작아져 가고, 자신의 삶에서 채워지지 않은 공허함으로 밤새 뒤척이며 불면증을 앓는다.

브래드는 아들이 하버드대를 지망하자 아들의 합격으로 주변 사람들에게 당당해지는 자신을 그려보며 대리 만족을 하기도 하고, 아들의 친구들을 바라보며 그들이 가지고 있는 젊음과 상큼함을 탐내보기도 하지만 이내 포기하기도 하는 지극히 평범한 사람이다. 그는 아들과 함께하는 대학 투어가 평생 한 번뿐인 아들과의 여행이라는 생각에 비즈니스석으로 업그레이드를 하는 호기를 부려보지만, 그

금액 또한 만만치 않아 포기한다. 하버드를 가게 되면 등록금을 어떻게 해야 하나 고민하는, 우리 모습 그대로의 소시민이다.

브래드는 대학 동창을 만나는 게 불편하지만 그들도 나름의 걱정을 가지고 살고 있으며, 그의 상상처럼 행복하지만은 않다는 것을 깨닫는다. 여행을 하며 소심한 중년 가장 모습의 아빠를 지켜보던 아들은, 사람들은 모두 자기 살기에 바빠서 남한테 신경 쓸 겨를이 없어 남과 비교하거나 남을 의식할 필요가 없다고 아빠를 위로하며 수줍게 사랑한다고 말한다.

그날 밤 여전히 밤새 뒤척이던 브래드는 자신이 아직 살아있음을 깨닫고 '나는 살아있어.'를 계속 되뇐다. 그가 살아있음을 느낀다는 건 그가 삶의 의미를 찾았다는 거다. 변한 것은 하나도 없었다. 한없이 작고 초라하고 공허하기만 했던 일상이 외려 소중하고 감사하게 느껴질 때 비로소 그는 살아있음을 느꼈다.

내가 초라하고 작아지게 되는 이유는
남과의 비교가 아닐까.

끊임없이 비교선상에 올려놓고 시소가 한 쪽으로 올라가고 내려갈 때마다 우쭐함과 초라함의 롤러코스터를 타며 평정심이 흔들린다. 남과의 비교는 가장 미련한 짓임을 알면서도 쉽게 포기되지는 않는다. 남이 갖지 못한 것을 내가 가지고 있을 수도 있는데 정작 나는 그걸 모른다. 세상에서 나를 가장 모르는 사람은 나 자신이다. 우리는 남에게 후한 평가와 폭풍 칭찬을 하면서도 정작 나에게는 소극적이고 엄격한 잣대를 들이대 스스로를 주눅 들게 하지는 않는가.

'겸손'을 미덕으로 알던 시대가 아니다. '나'를 PR하고 과시하며 자신을 브랜드화하는 시대다. 인스타와 유튜브 등이 그렇고 현대를 사는 대다수가 자신도 모르는 사이에 '관종'이 되어가고 있다. 시대가 그렇게 바뀌는데 여전히 겸손을 가장한 채 주눅들어 살 일은 아니다. 우리는 획일화된 교육 속에서 자존심과 자존감을 혼동하며 배웠고 겸손과 자존감을 구분하지 못하고 살아왔음을 반백 년을 살아서야 깨달았다. 이제는 '자뻑'을 장착하고 스스로 당당하게 살아볼 일이다. "내가 어때서!"

스페인 여성평등부에서는 '여름은 우리의 것이기도 하다'는 슬로건의 공익 캠페인 포스터를 공개했다. 포스터에는 다섯 명의 여성이 해변 모래사장에서 피서를 즐기고 있었다. 유방 절제술을 받아 한쪽 가슴이 없는 여성, 겨드랑이 털을 깎지 않은 흑인 여성, 팔에 커다란 문신을 새기고 튼 살이 드러나게 비키니를 입은 백인 여성, 화려

---

* 머니투데이 황예림기자 〈뚱뚱＋겨털이 뭐 어때서… "당당하게 해변을 즐기자"〉 2022.7.30.

한 색으로 염색을 하고 배에 주름이 잡히게 앉아 있는 여성 등이 그 주인공이었다. 여성평등부는 포스터를 올리면서 "우리에게도 여름은 있습니다. 어디서든 원하는 사람과 함께 여름을 즐기세요. 모든 여성이 고정관념에 사로잡힌 시선에서 벗어나길 바라며 건배를 올립니다."라는 내용의 글을 남겼다.

유방 절제를 받아 한쪽 가슴이 없어도 비키니를 입고 해변을 누리는 당당함, 내 배가 여러 겹으로 접혀 출렁여도 당당히 해변에 앉아 바다를 바라보는 여유로움, 머리가 하얗게 세고 얼굴에 주름이 가득해도 비키니를 입고 빛나는 태양 아래 누워 선탠을 즐기는 모습은 생각만 해도 멋지다. 내 몸이 어때서. 남의 시선을 의식하기 전에 스스로를 주눅들게 하는 나의 시선에서 먼저 벗어나야 한다. 누가 뭐랄 것도 없는데 말이다. 나의 당당함은 있는 그대로를 받아들이는, 내 안의 해방에서 시작된다. 있는 그대로, 스스로의 당당함.

50대. 내 나이가 어때서. 내가 살아온 세월마다 나름의 이유가 있었고, 순간에 내가 할 수 있었던 최선을 다했다. 나이를 먹은 게, 흰머리가 늘고 이마에 주름이 지는 게, 허리에 뱃살이 붙고 인터넷과 SNS에 한 박자 느린 게 그렇게 남의 눈치를 볼 일도 아니고, 그간 내가 살아온 세월이 사회에 잘못한 일은 아니지 않는가.

나는 열심히 일했고 열심히 살았다. 당당하지 못할 이유가 없다. 내가 열심히 살아온 시간들을 자랑스러워해야지. 그때는 그게 최선

이었다며 열심히 살아온 나에게 아낌없이 칭찬을 보낸다. 우리에게
는 당당히 놀아야 할 충분한 자격이 있지 않는가!

"그간 애썼다. 그만큼이면 충분해.
그동안 열심히 살았잖아.
이젠 놀아도 돼."

나는 '밥'으로
기억되기는
싫었다

TV에서 칠십을 넘긴 연예인들이 고향과 엄마를 추억하는 내용의 TV 프로그램이 방영되고 있었다. 그들이 엄마를 추억할 때면 고생하셨던 어머니와 밥을 챙겨주셨던 어머니를 기억했다. 엄마를 그리워하며 엄마와 함께 떠올리는 건 '밥'이었다. 엄마가 해주시던 뜨거운 밥, 맛있는 찌개… 왜 엄마를 생각하면 밥이 같이 생각나는 걸까. 왜 엄마는 밥으로 기억되어야 할까. 이제 막 성인이 된 아이는 지금도 내가 어디를 나간다고 하면 "내 밥은?" "난 뭐 먹어?"라고 묻는다. 이렇게 이렇게 먹으라고 얘기하면 "그럼 됐어."라고 쿨하게 대답한다. 밥이 해결되었으니 나가도 좋다는 일종의 허락을 받는 순간이다. 밥만 해결되면 있든지 없든지 상관없다는 건가. 나는 밥을 위해 필요한 건가. 순간 서운한 감정이 일어나 "엄마가 밥이야?" 하며 실

없이 웃고 만다. 아이도 머쓱해하지만 종종 반복되는 대화다.

엄마의 존재는 '밥'으로 정리되는 걸까. 나의 엄마도 종종 "밥 먹었니?"라며 전화를 하고, 친정에 가면 먹는 게 정말 큰 행사다. "인생 뭐 있어? 넓은 세상에 맛있는 거 먹고사는 거지." 맞는 말이지만 그게 다는 아닌 인생이다. 내가 병가 중일 때 아이는 5학년이었다. 아파서 집에 있다 보니 별별 생각이 다 들었다. 그때 저 프로그램을 보며 이다음에 아이가 내 나이가 되면 '아들에게 난 어떤 엄마로 기억될까?' 하는 생각이 들었다.

나는 끼니마다 맛있는 밥을 해주고 깔끔하게 집을 정리하고 사는 주부 9단은 절대 아니다. 내가 평가를 해봐도 평균 미만의 주부다. 맛있게 만드는 것보다는 어디가 맛있더라에 훨씬 관심이 많은 불량주부다. 방송에서처럼 맛있는 된장찌개나 시원한 식혜나 그런 걸로 기억할 리는 만무하다. 그럼 어떻게 기억될까?

나는 밥으로
기억되기는 싫었다.

아이가 고등학교에 가게 되면 입시준비로, 대학 가서는 여자친구가 더 먼저일 게고 이후 군대, 취업, 결혼… 정해진 삶의 루틴 속에서 '아이와 공유할 추억을 만들 시간이 많지 않구나.'라는 생각이 들었다. 같이 하는 시간이 정말 짧구나. 그렇게 생각하다 보니 중학교 3년

밖에 없다는 조급함이 생겼다. 같이 공유할 추억 만들기. 더구나 사춘기를 맞으며 남자아이다 보니 품에서 금방 떠날 거라는 아쉬움이 몰려왔다.

큰 맘을 먹고 아이와 중학교 3년간, 1년에 한 번씩 단둘이 하는 해외여행을 계획했다. 만만치 않은 비용이 부담스러웠지만 돈보다는 추억과 경험을 사기로 했다. 남편과 나와 아이의 학교, 스케줄 세 개의 일치점을 찾는 건 우주에서 공을 던져 내 집 맞추는 것보다 어려운 일이었다. 결국 아이와 나, 모자간의 여행을 떠나기로 했다. 첫해 여행지는 이탈리아였다. 남편 없이 아이를 데리고 간다는 건 나름 용기가 필요했다. 자유여행은 꿈도 못 꾸고 패키지여행을 가기로 했다. 여러 나라를 돌아다니는 게 싫어 한 나라만 가는 프로그램을 찾았는데 마침 이탈리아 투어가 있었다. 하지만 한 나라만 가더라도 이동시간이 많아서 제대로 보지 못한다는 걸 나중에야 깨달았다. 하긴 서울만 여행해도 여러 날이 걸리는데 한 나라를 일주일간 보겠다고 한 건 무리긴 했다.

여행을 마치고 돌아왔을 때 아이의 학원 선생님에게 전화가 왔다. "여행이 좋았나 봐요. 아이가 엄청 밝아졌어요." 아이를 본 사람들은 모두 공통된 얘기를 해서 깜짝 놀랐다. 물론 다시 반복되는 학원 생활에 약효는 금방 떨어졌지만 효과는 확실했다. 전혀 생각지 못했던 일이었다. 국내에서는 인터넷이 잘되어 있어 지방을 가나 집에 있으나 아이에게는 똑같다. 여행에는 관심 없고 한구석에서 휴대폰을 쥐고 있기는 마찬가지다. 게다가 아이의 머릿속에 자리 잡은 학원에 대한 강박이 여전히 존재했었나 보다. 비행기를 타고 10시간을 날아가서야 그 강박에서 자유로워지는 것 같았다. 그게 나도 아이도 여행이 좋았던 이유다.

우리나라의 중고생은 왜 이렇게 살아야 하는 건지. 약효를 체험했으니 그다음은 수월했다. 2학년 때는 뉴질랜드, 3학년 때는 동유럽과 홍콩 마카오를 다녀왔다. 딸아이가 아니어서 늘 말수가 적다 보니 아들 가진 엄마는 외롭다. 하지만 단둘이 해외를 가니 기대고 의지할 사람이 서로밖에 없어 살갑진 않아도 부쩍 친해지는 느낌이 들었다. 이후 TV나 영화에서 프라하나 로마가 나오면 반갑게 불러대며 얘기할 수 있어 나름 대화고리가 생기는 게 좋다.

주변에서 아이 때문에 힘들어하면 아이랑 둘이 여행을 가라고 조언을 한다. 특히 이성 간에 가는 게 좋을 것 같다고 아빠는 딸이랑 엄마는 아들이랑 가라고 말한다. 내가 여행을 간 이유는 아이에게 엄마에 대한 추억을 만들어주고 싶다는 게 가장 컸다. 지금은 모르겠지만 몇십 년이 지나면 정말 좋은 시간이었고 소중한 추억이라고 생각할 게다.

아이가 고등학교에 들어가면서 나는 바빠지기 시작했다. 삼 년간 고3 같은 승진시험 준비기간을 보내며 나에 대해 쓰는 '시간'의 소중함을 깨달았다. 저녁이 있는 삶. 그 저녁은 나를 위한 시간일 때 의미

엄마는 오늘도 열심히 노는 중입니다

가 있다. 그동안 밀렸던 독서를 미친 듯이 하고 독서토론 리더과정에 이어 심화과정과 서평쓰기, 논제 제작, 몇 개의 토론 모임과 글쓰기 모임… 이제 내게 한 달에 열다섯 권 정도의 책을 읽고 발췌와 단상을 쓰는 일은 일상이 되었다. 어려서부터 역사를 좋아했던 나는 서울의 옛날 모습을 찾아다니는 게 참 좋다. 주말에는 북촌, 서촌, 부암동, 성북동, 남산, 순성놀이 등 운동도 할 겸 서울 시내 표지판을 따라 걷는다. 이렇게 열심히 사는 내가 스스로 떳떳하고 풍요롭게 느껴져서 좋다. 지금도 비슷하긴 하지만 모임을 줄이는 대신 영화와 전시가 추가되었다.

하루는 아이에게 물었다. 엄마가 사는 모습에 대해 어떻게 생각하냐고. 아이는 바쁘게 열심히 사는 것 같아 좋다고 말했다. 그것으로 만족이다. 아이에게 그냥 그 자리에 앉아있는 모습이 아니라 늘 뭔가를 읽고 쓰고 보고 찾아다니는 삶에 열정이 있는 엄마로 기억되었으면 하는 바람이다.

그리고 그렇게 보고 자란 아이도 열심히 자기가 하고 싶은 일을 찾아다녔으면 좋겠다. "네가 하고 싶은 일을 찾아봐." 하고 말로 하기보다 딱히 목표나 성과물이 없어도 뭔가를 하고 있는 모습 자체가 아이와 나 스스로에게 자극이 되고 싶다. 이런 모습이 나의 자존감을 상승시키기도 한다. 스스로 당당해질 때는 내 안이 풍성하게 뭔가로 차올라 공허함이 메워지는 때다. 당당히 나이를 먹어가기 위해 오늘도 바쁘게 하루를 시작한다.

얼마 전 아이에게 다시 물었다. "나중에 내가 없으면 너한테 엄마는 어떻게 기억이 될 것 같아?" 아이는 한참을 머뭇거리다가 책도 많이 읽고 문화생활도 열심히 하고 공부도 많이 하는 '열심히 사는 엄마'라고 답했다. 고맙다고 했다. 나는 직장맘이기도 하지만 집에서 따뜻한 밥해놓고 기다리는 엄마보다는 열심히 사는 모습을 보여주고 싶었다. 열심히 사는 엄마라는 답에 나는 대만족이다. 사실은 '열심히 산다'보다 '열심히 논다'라는 말을 더 듣고 싶었는지도 모른다. 시인 천상병은 죽음을 이 세상 소풍이 끝나는 날이라고 했다. 그렇게 세상을 잠시 놀러온 거라고 생각하는 시인은 정말 멋지지 않은가. 퇴직도 다가온 지금, '어떻게 하면 재미있게 놀까'가 지금의 나의 화두이기도 하다.

인생 뭐 있어,
최선을 다해 놀아야지.
나는 그렇게 기억되고 싶다.
아이도 그랬으면 좋겠다.

엄마는 오늘도 열심히 노는 중입니다

엄마도 여자라는 걸,
엄마도 사람이라는 걸

나의 엄마는 39년생, 여든넷이시다. 젊을 때 톨스토이와 글쓰기를 좋아하고 대구 MBC 합창단원을 하고 명문이었다는 K 여고를 나오셨다. 엄마의 아버지는 교장 선생님이셨지만 칠남매를 모두 대학에 보내기에는 형편이 녹록지 않아 장녀인 엄마는 대학 진학을 포기했다. 그런 엄마는 내가 책 읽는 것을 좋아했고, 내가 글쓰기를 원했다.

문학소녀였던 엄마는 우리 식구들 아무에게도 그 성향을 인정받지 못했다. 인정보다는 무관심에 훨씬 가까웠다. 우리는 엄마가 그냥 세끼 밥을 해주고 안방의 장롱처럼 늘 그 자리에 있기를 바랐다. 엄마는 원래 그래야만 하는 줄 알았다. 그렇게 엄마의 재능은 시들어갔고 세월이 지나 환갑이 훌쩍 넘은 어느 날, 평생학습관에서 수필쓰기 강의를 듣기 시작하셨다. 동호회 활동을 통해 문집을 만들며 그 모임을 이어갈 때 엄마는 세상에서 가장 행복한 모습으로 빛이 났다.

언제부터일까, 나는 '엄마'가 아닌 '여자'로서의 엄마를 본다.
엄마가 아닌 한 '사람'으로서의 엄마를 본다.
왜 진작 그러지 못했을까.

그땐 몰랐다. 엄마도 여자라는 걸. 엄마도 사람이라는 걸. 엄마는 그냥 엄마인 줄 알았다. 엄마는 태어나면서부터 엄마인 줄 알았던 것 같다. 초등학교 시절, 집에 가면 엄마가 있어야 하는 줄 알았고 엄마가 집에 없으면 마치 엄마가 업무 유기라도 한 듯 당당히 화를 냈었다. 그게 당연한 줄 알았다.

지금 내가 책을 읽고 글을 쓰는 건 순전히 엄마의 유전자와 엄마의 영향이다. 엄마는 책과 글쓰기를 좋아했고 노래를 좋아했다. 지금은 찬송가로 거의 바뀌었지만 그때는 가곡을 많이 흥얼거렸다. 길가에 목련이 피는 걸 보면 자연스레 〈목련꽃 그늘 아래서〉를 부르며 "너 이 노래를 아니?"라고 물었고 기온이 뚝 떨어져 단풍이 들고 낙엽이 지기 시작하면 기러기 울어예는, 〈이별의 노래〉를 불렀다. 딸이고 맏이인 나는 엄마에게 자연스레 가곡을 배웠고 책 읽는 재미도 알게 되었다.

초등학교 2학년쯤이었다. 엄마 생일 때 선물을 사러 문구점에 갔다. 그때는 지금처럼 선물을 살 수 있는 곳이 별로 없었고 더욱이 아홉 살 아이가 갈 수 있는 곳은 학교 앞 문구점이 전부였다. 엄마를 생각하며, 엄마가 필요한 것이 무엇일까 고민하며 고른 게 반짇고리였

엄마는 오늘도 열심히 노는 중입니다

다. 색색의 실들이 들어있는 반짇고리를 들고 돌아와 선물이라고 내밀었을 때 엄마는 기도 안 찬다는 표정으로 "내 선물이라고?" 하며 어이없어했다. 기쁜 마음으로 한참을 골라온 선물을 그렇게 대할 때 어린 마음에도 순간 뭐가 잘못되었구나 생각이 들었다.

시간이 한참 흐르고 나니 참 미안한 선물이었다. 미안한 건 선물의 내용이 아니었다. 엄마 역할에 밀려 사람으로서의 엄마를 잊었다는 사실이었다. 엄마가 필요한 선물이 아니라 엄마 역할에 필요한 선물을 한 것이었다.

비록 아홉 살 꼬마였지만, 그건 나의 엄마에 대한 의식의 단적인 예였다. 우리가 살면서 엄마가 무엇을 좋아하는지, 엄마의 취미가 뭔지, 엄마의 꿈은 무엇이었는지 궁금해한 적이 얼마나 있을까.

엄마는 늘 베푸는 사람, 챙겨주는 사람이지 챙김을 받아야 하는 사람이라는 생각을 못 하고 살았고 지금의 우리 집이나 여느 가족도 정도의 차이이지 실상은 마찬가지이지 않을까.

집안 살림에 아버지 뒷바라지, 아이 셋 기르다 칠십이 되어버린 엄마는 평생학습관 수필반에서 수업을 듣기 시작했고 엄마의 글쓰기는 강사가 바뀌어도 몇 년간 지속되었다. 수강생들과 카페를 통해 글을 공유하느라 컴퓨터를 배웠고 수강생들끼리 글을 모아 문집을 만들어 기뻐하기도 했다. 엄마가 수강하는 프로그램의 강사는 나도 아는 분이었는데 엄마가 나와서 글을 발표하면 수강생들이 함께 많이 울었다고 했다. 글을 진정성 있게 참 잘 쓴다고 하셨다.

엄마의 글쓰기는 꽤 오랫동안 지속되었는데 코로나로 대면 수업이 없어지면서 이젠 완전히 손을 놓았다. 코로나는 누구나를 힘들게 했지만 노년기에 맞는 코로나 시기는 시간과 기회의 박탈이라는 엄청난 일이었다. 칠십 대의 1년은 젊은이의 10년에 맞먹는 시간이다. 잠깐을 놓치면 다시 오지 않을 기회들, 그렇게 기회들이 사라질 때 엄마의 칠십 대도 지나갔다.

환희 합창단. 팔십이 넘은 엄마는 지금도 실버 합창단의 단원이다. 엄마는 합창단에서도 어느새 왕언니가 되어버렸다. 합창단에서는 1년에 한 번씩 가족초청 합창발표회를 하는데 코로나로 인해 몇 년간 휴지기를 마치고 올해 다시 공연을 열었다. 여성 단원들은 여신 같은 하얀색 롱드레스를, 남성 단원들은 젠틀한 턱시도를 입고 선다. 가끔 머리숱에 자신 없는 남자 어르신은 모자를 쓰고 서기도 한다. 미안한 얘기지만 이 합창단은 정말 노래를 못 한다. 평균 연령이 60대 후반인 합창단이 소리가 나올 리가 없다. 그런데 너무 예쁘다. 너무 예뻐서 듣고 있으면 찡하게 눈물이 난다.

공연을 보며 내가 초등학교 때 찍은 나들이 사진 속 엄마 모습이 떠올랐다. 엄마는 미니스커트에 당시 유행하던 넓고 하얀 머리 스카프를 하고 선글라스를 쓰고 있었다. 어릴 때는 그런 모습이 눈에 들어오지 않았는데 어느 날 '울 엄마가 멋쟁이였네.' 하며 엄마 사진이 눈에 박혔다. 언제 세월이 저렇게 흘렀을까. 합창을 들으며 세월이 참 야속하다 싶어졌다. 나만 그런 건 아닌지 둘러보면 여기저기 훌쩍이는 사람들이 꽤 있다. 옆에 앉아계시던 아버지도 슬며시 짧은 한숨을 쉬며 눈가를 훔치는 게 느껴진다. 처음에는 다 늙어 뭔 합창이냐고 초청회에도 안 오려 하시던 아버지도 막상 와서 보니 마음이 짠하신 모양인지 식구들 저녁을 사겠다고 하신다. 아마 엄마한테 뭔가를 해주고 싶으셨던 것 같다. 연세가 들어 두 분이 같이 의지하고 사신다는 건 자식들에겐 큰 축복이고 늘 고마움이다.

실버인 나이를 즐기고 사는 엄마가 참 보기 좋다. 새벽 기도로, 속회 인도자로, 교회 봉사로, 친구들 모임으로, 합창단원으로 바쁜 엄마가 참 보기 좋다. 몸이 많이 안 좋긴 하지만 그래도 바쁘니까 덜 아프신 게다. 이젠 친구들도 거의 남지 않으시고 문화센터 수강은 접은 지 오래지만 그래도 교회가 있고 합창단이 있어 바쁘게 살고 계신다. 어느 해 봄엔 전화를 했더니 노랫소리도 들리고 시끌시끌했다. 합창단에서 봄나들이를 나왔다고 했다. 합창단은 나들이를 와서도 노래를 하나 보다. 수화기 너머로 간간이 들리는 화음 소리에 덩달아 기분이 좋아졌다. 들리는 엄마의 목소리에도 화음이 들어 있었다.

엄마 팔순 때 아버지는 턱시도를, 엄마는 웨딩드레스를 입고 가족사진을 찍었다. 늘 마음 씀이 넉넉하고 야무진 막내 올케가 행사를 준비하고 엄마의 메이크업을 담당했는데 사진이 제법 멋지게 나왔다. 가족행사를 마치고 합창단에 팔순 기념 떡을 보냈더니 친정식구 단톡방에 떡 인증샷과 함께 엄마의 글이 올라왔다.

내 생일 사진 모두 잘 나왔구먼!!~* 여원애미 메이컵에 평생 처
음 속눈썹도 붙여보고 호사했네!!* 떡이 얼마나 예쁜지 아까워서
못 먹겠다고 난리~~ 자녀들 사려 깊다고 칭찬, 갑자기 케이크,
와인 준비하고 추카 많이 받았네 !!~~ 완전 팔순 할미 도장찍혔
엥!!~~*

소녀 같은 엄마의 말에 난 빵 터졌다. 5년 전 일인데 아주 오래전
같다. 합창단원들도 건강을 이유로 못 나오는 분들이 점점 늘어나 세
대교체가 되어가고 그사이에 엄마도 많이 약해지셨다. 그래도 합창
연습은 꼬박 참석을 한다. 노래보다는 사람들에게 정이 들어서다. 노
인이 되어서라도 평소에 하고 싶었던 일을 찾아서 할 수 있는 것도
큰 축복이다. 노래 좋아하는 엄마가 노래를 부르고 글 좋아하는 엄마
가 글을 쓰고 하나님을 너무 사랑하는 엄마가 늘 기도를 하고….

소녀 같은 엄마가 그렇게
늘 엄마가 하고 싶은 일을 하며 행복했으면 좋겠다.

엄마는 오늘도 열심히 노는 중입니다

'나'라는 중심을
잃지 않는 사람

　내가 가장 사랑하는 책은《작은 아씨들》이고 나의 롤 모델은 둘째 딸 '조'다. 이는 초등학교 때부터 오십이 넘은 지금까지 변치 않는 애정 순위다. 초등학교 때《작은 아씨들》을 읽고 또 읽어 너덜너덜해질 때까지 읽었고 아이를 가졌을 때 태교책으로 산 것도《작은 아씨들》이었다. 미국의 남북전쟁 시기의 한 가정을 그린 이 책은 청교도적 색채가 강하지만 그땐 그런 생각 없이 네 자매의 모습이 마냥 좋았다. 가족 간의 따뜻함은 물론이고 네 딸의 너무도 다른 개성이 좋고 각자 그들의 개성을 잃지 않고 서로를 존중하고 보완하는 모습이 좋았다.

　그중 내가 유독 좋아한 인물은 둘째 딸 '조'였다. 초등 5학년 때 일기에는 '조'가 너무 멋있다며 조처럼 살고 싶다고 쓰기도 했다. 조가 유언장을 쓰는 모습을 보고 따라 한다며 친구와 함께 편지지에 유언을 써서 주머니에 넣고 다니기도 했는데, 그때의 유언은 나의 애정 물품을 누구에게 준다는 내용 일색의 초등학생다운 내용이었다. 그때를 생각하면 나의 잔망스러움에 혼자 한참 웃는다.

고등학교 때 나의 일기에는 조, 전혜린, 《생의 한가운데》의 '니나'처럼 살고 싶다고 적혀 있었다. 《전혜린 평전》을 읽으며 전혜린에 홀딱 반해, 전혜린을 예찬하며 전혜린처럼 살고 싶다고 생각했다. 하지만 어느 날, 전혜린처럼 완벽을 추구하며 이성적으로 산다는 건 참 힘든 일이라는 걸 깨달았다. 사춘기 시절 그토록 멋지게 들렸던 '자다가도 번뜩이는 이성 때문에 잠을 잘 수가 없다'는 말이 너무 예민하고 날카롭게 느껴졌고, 그녀의 잠 못 드는 이성은 마치 전깃줄 같아 그의 신경에 닿는 모든 일에 예민하게 반응하는 게 아닌가 생각이 들었다. '그녀는 피곤하고 힘겹게 살았던 사람'이라는 나만의 평가로 그녀처럼 사는 건 달갑지 않게 느껴졌다.

니나도 마찬가지였다. 《생의 한가운데》는 여전히 나의 최애 책 중 하나다. 몇 해 전 독서 모임에서 《생의 한가운데》가 지정 도서로 선정되어 반갑게 읽으며 '니나'를 기대했는데 역시 책은 정말 좋았지만 '니나'처럼 살고 싶다는 생각은 접었다. 니나는 여전히 멋있긴 하지만 너무 이기적으로 보였고, 그녀 또한 너무 예민하고 피곤하게 사는 덕에 매력은 가득하나 주변 사람이 너무 힘들고 지치겠다는 생각도 들어서다. 언제부턴가 똑똑한 사람보다는 편한 사람이 좋아지기 시

엄마는 오늘도 열심히 노는 중입니다

작했고 내 일기장에 있던 나의 롤 모델은 세 명 중 한 사람으로 그렇게 자연스레 정리가 되었다. 세월이 한참 지나 초등학생이 중년이 되어버린 지금도 나는 '조'가 좋다.

긴 머리에 치렁치렁한 치마를 입던, 여성으로 살기 쉽지 않았던 시절에 당시의 다른 여성들처럼 연애나 결혼에 관심을 갖기보다는 자신이 좋아하는 일을 하고 싶은 '조'는 늘 당당하다. 아버지에게 갈 여비가 필요하자 깍쟁이 고모에게 빚지기 싫어 자랑스러워하던 탐스러운 머리를 싹둑 잘라 돈을 마련해오고는 펑펑 울며 후회의 통곡을 하다 얼마 후에는 편해서 좋다며 쿨하게 포기하기도 하고 덜렁대며 욱하기도 하는, 그의 인간적인 모습이 좋다. 어릴 때는 로오리와 결혼하지 않는 그녀가 안타깝기도 했고, 그가 과외 선생을 선택했을 때 쓸데없이 화가 나기도 했다. 아니 왜! 지금 생각하면 심한 감정 이입에 어이없는 웃음이 인다.

여자로 살기 어려웠던 시절임에도 일정 나이가 되면 해야 하는 관례적인 결혼이나 안정된 생활보다는 정말 좋아하는 사람이 나타나기를 기다리는 모습이 그녀 내면의 단단함을 보여주는 것 같아 좋다. 불에 그슬린 드레스를 입어도, 싹둑 자른 머리를 해도 남 앞에 당당한 '조'는 남의 시선보다는 자신에게 충실한 사람이다. 내적으로 충만하기에 남의 시선을 의식하지 않을 수 있었다. 중년이 되어서 다시 보는 '조'는 여전히 멋지고 어릴 때 못 봤던 그녀의 또 다른 매력이 보이기도 한다. 나이를 먹으면서 조가 더 좋아진 이유는, 자신을 잘 들여다보고 주변 여건이 아닌 자신을 중심에 놓고 자신이 원하는 것이 무엇인지를 명확히 아는 사람이라는 점이다. 충족된 자존감에서 나오는 자연스러운 당당함이 근사하다.

어쩌면 내가 조를 좋아했던 건
자신을 믿고 뚜벅뚜벅 자신의 길을 가는
그의 모습이 아니었을까.

'조'의 어려서부터의 꿈은 작가다. 소설을 써서 식구들에게 읽어주기도 하고 성인이 되어서는 여기저기 출판사에 투고하기도 한다. 출판사에서 퇴짜를 맞기도 하고 어렵게 연락이 온 출판사에는 남자의 이름으로 내보라는 둥, 판권을 넘기라는 둥 불합리한 조건들을 내세우지만 그 속에서도 '조'는 '나'라는 중심을 잃지 않는다. 그녀는 늘 읽고 쓰는 생활을 했고 순간순간 그의 빛나는 창의력으로 남을 즐겁게도 하며 스스로 리드해가는 삶을 살았다. 조는 자기가 하고 싶은 일이 확실했고 거기에 삶의 의미를 두고 성장해가며 결국 이루어냈다. 그런 조의 삶은 나의 로망이었다.

이제 와 그간의 시간을 되돌아볼 때 어느새 조금씩 닮아가고 있다는 생각이 든다. 그렇게 나도 성장을 하고 있었다. 문득 원고를 들고 출판사를 찾아다니며 울기도 하고 웃기도 하는 조의 모습이 떠오른다. 그 모습은 책을 내고자 출판사를 기웃거리는 지금의 나의 모습이기도 하다. 조가 어려서의 꿈을 이루었듯 나도 내가 계획했던 삶과 꿈을 이루려 한 발 한 발 내딛어보는 중이다. 자신이 세운 학교의 잔디밭을 아이들이 앉아 있는 틈새로 긴 치마를 휘날리며 경중경중 뛰어다니는 조를 상상하니 절로 웃음이 인다.

"조처럼 남의 시선보다는 나에게 충실하며
나의 길을 우직하게 가다 보면
언젠가 나의 꿈도 이루어지겠지."

내 꿈을,
그리고 내 이름을
찾는 시간

이건희 컬렉션 전시는 예매조차도 힘들었다. 우리나라 전시 관람 인구가 이렇게도 많았던가. 간신히 티켓예매에 성공해 찾아간 수요일 저녁의 전시에서 엄마의 모습을, 그리고 그와 똑같은 나의 모습을 보았다. 박래현 작가의 작품 〈여인〉이라는 작품이었다. 그림에는 한복을 입고 단정하게 땋아 올린 풍성한 검은 머리 아래 뽀얀 살결이 보이는 젊은 여인이 등을 보이고 앉아 있다. 여인의 봉숭아 꽃물을 들인 손에는 노란 종이학이 쥐어져 있다.

숨죽여 우는 여인의 손끝에 꼭 쥐고 있는 종이학은 날아보지도 못한 채 종이처럼 납작해진 그녀의 꿈 같다. 점점 퇴색되고 가벼워져 종잇장 같아진 그녀의 꿈. 누구의 아내도 누구의 엄마도 아닌 나로 살고 싶다는 간절한 흐느낌. 그 흐느낌마저도 누가 볼까 뒤돌아 앉아

엄마는 오늘도 열심히 노는 중입니다

속으로 삼켜야만 하는 그녀는 종이처럼 말라간 그녀의 꿈을 아직 놓지 못한다. 나는 무얼 바라 살아왔을까. 그녀의 등 뒤로 전해지는 삶의 회한. 이렇게 사는 게 맞는 것일까.

〈여인〉의 뒷모습은 많은 얘기를 하고 있다.
가만히 여인의 등을 안고 괜찮다고,
아직 늦지 않았다고 토닥토닥 위로해주고 싶다.

TV 리모컨을 쉼 없이 돌리는 건 나의 오랜 습관이다. 그렇게 리모컨을 돌리다가 얻어걸린 프로그램이 〈엄마는 아이돌〉이다. 아이돌에 대해 관심도 그다지 없고 음악프로도 거의 보지 않는데 이 프로는 잊었던 사람들이 나와 반가운 마음에 보게 되었다. 이 프로를 보는 이유는 사실 따로 있다. 박정아, 선예, 가희, 현쭈니, 별… 이들의 공통점은 경단녀다. 한때는 춤으로 노래로 잘 나가던 사람들이지만 육아로 인한 경단에는 연예인도 예외는 아니었다. 아이를 기르는 동안 유연하던 몸은 뻣뻣해지고 관리 안 한 성대는 막히면서 첫날 경연에서 그들은 노래도 춤도 '상(上)'의 평가를 받기 어려웠다. 타고난 춤 신이거나 뛰어난 가창력을 가진 사람은 그나마 덜하지만 다른 사람들은 뻣뻣한 몸과 막힌 성대에 고전했다.

그럼에도 그들은 이런 기회가 주어짐에 눈물을 흘리며 감사했고 잊었던 자신의 모습을 찾기 시작했다. 다들 내 마음처럼 움직여지지 않는 몸을 쓰면서 온몸에 멍이 들어 파스를 붙이고 병원을 찾으면서도 포기하지 않는 근성을 보인다. 결혼 전 특유의 리듬감과 발성을 낼 수가 없어 자신감을 상실하고 펑펑 울기도 할 때면 보컬트레이너는 꼭 안아주며 할 수 있다며 토닥인다.

잘하는 사람이 여전히 잘하는 건 그리 와닿지 않지만 잃었던 자신의 모습을 되찾기 위해 노력하는 모습이 정말 보기 좋다. 춤으로만 승부하던 사람이 고음으로 노래를 완곡하기에 도전한다든가, 성대를 잃고 좌절하던 사람이 모든 걸 내려놓고 완곡에 목표를 둔다고 하면서 홀리듯 노래에 빨려 들어가 과거의 모습대로 멋지게 곡을 소화하는 모습은 보는 사람의 마음을 뭉클하게 한다. 연습 후 집에 와 아이들을 돌보면서 틈틈이 춤 동작을 복기하는 모습에서 나오는 삶의 에너지는 종전의 육아만을 할 때와는 그 파장이 다르다. 심리학자 매슬로우는 인간의 최종 욕구는 자아실현이라 했다. 나의 일을 갖는 것. 내가 하고 싶은 일을 하는 것. 종국에는 우리가 추구하는 것이 아닐까.

맞벌이 부부가 많다지만, 여가부의 통계자료를 보면 결혼 후 남성은 취업률이 늘어나고 상대적으로 여성의 취업포기율은 높아진다. 30대 중반에서 40대 초반까지가 경단녀의 비율이 높은 것은 육아가 가장 큰 이유기도 하다. 누구나 어릴 적 꿈이 있었고 한때 그 꿈을 펼치려 노력한 때가 있었다. 프로그램에 등장한 연예인들은 연예인이 되기까지 자신의 꿈과 끼를 위해 누구보다 노력해서 저만큼 인지도를 갖게 되었을 텐데 육아로 인해 모든 것을 포기하다 누군가에 의해 자신의 꿈을 다시 일깨웠다.

영화 〈82년생 김지영〉에서 주인공은 자신의 이름이 쓰인 펜을 갖기까지 꼬박 10년이 걸렸다. 아이를 기르며 열심히 살지만 나를 부르는 말은 '맘충'이었다. 김지영이라는 자신의 이름은 잃어버린 지 오래고 대신 누구 엄마, 누구 아내로 불리는 경우가 훨씬 많았다. 그녀가 죽을힘을 다해 자신과 싸우고 남편을, 가족을 설득해 겨우겨우 찾은 내 이름 '김지영'. 지친 육아보다 더 힘든 것은 내 이름 석 자를 잃어버리고 누구 엄마가 이름이 되는 일이다.

누구 엄마가 아닌 '나'로 살아가는 모습.
내가 하고 싶었던 일을 다시 찾고 내 이름을 찾는 모습,
〈엄마는 아이돌〉의 출연자들을 보면서 뭉클해지는 이유다.

왜 내 방이 안방이야?

"엄마의 독서, 사색, 휴식은 수시로 멈춰졌다."라는 문장에서 나의 시선은 붙들린 듯 움직이지 못했다. 바로 나의 엄마가 그랬기 때문이다. 어린 시절 방 두 개짜리 집에서 살 때도 아빠의 방은 따로 있었고 그것을 '서재'라 불렀다. 여성은 남성이 '읽는 일'을 돌보고 보살피는 일을 해야 했으므로 서재는 여성의 공간이 될 수 없었고 또한 여성은 집 안 어느 곳에나 있어야 하므로 어느 곳도 자기만의 공간이 아니었다.

– 하재영, 《친애하는 나의 집에게》 중에서

아파트 입주를 앞두고 변경된 부동산 대책에 의해 중도금과 잔금 대출이 막혀버렸다. 일단 집을 줄여서 이사를 왔다. 그런데 이사 후 전혀 예측하지 못했던 일이 생겼다. 내 공간이 없어진 것. 아무도 신경 안 쓰는 부분이고 나 역시 생각지 못했다. 이사 전에는 주로 내가

엄마는 오늘도 열심히 노는 중입니다

들어가 앉아있는 공간이 있어서 책도 읽고 일도 하고 글도 쓰고 주로 거기서 시간을 보냈다. 그런데 이사 온 집에는 각자 한 칸씩 방을 차지하고 나자 내 공간이 없어졌다.

많은 여자들이 그렇게 하듯
자연스레 식탁이 내 공간이 되었다.

키친테이블 라이팅(kitchen table writing)*이란 말이 있다.《해리 포터》의 작가 롤링을 비롯한 많은 여성들이 글을 쓰는 공간은 식탁이었다. 거실 옆에 붙은 식탁은 혼자일 때는 좋지만 식구들이 수시로 드나들어 통 집중을 할 수가 없다. 더욱이 얼마 전까지 같이 사시던 시어머니는 종일 혼자 계시다가 저녁에나 사람을 보는 까닭에 반가운 마음에 하고 싶은 말씀이 많으셨고 내가 움직일 때마다 궁금해하셨다. 외로우셨던 게다.

하지만 나는 퇴근해서 저녁식사 후 잠을 잘 때까지 얼마 안 되는 시간 동안 나의 방법대로 쉴 수 있는 내 시간과 내 공간이 절실하게 필요했다. 아이가 고등학생이 되어 학교에서 학원으로 이어지는 생활이 시작되고 육아를 위해 계시던 어머니가 자연스럽게 본가로 가

---

* 키친테이블라이팅이란 '전업 작가가 아닌 사람이 일과를 마치고(그 언제라도) 부엌 식탁 (그 어디라도)에 앉아 써 내려간 글'을 말한다.

시고 나니 비로소 나 혼자의 시간과 공간이 생겼다.

우선, 집 근처에 있는 가구점에 가서 쌈박하고 가장 기본적인 테이블을 하나 구입했다. 결정 장애가 있는 나는 가구에 관한 한 더더욱 중증 장애다. 방 전체에 놓을 6인용 식탁으로 할지 벽 구석에 놓을 작은 탁자로 할지가 계속 망설여져 더 힘들었다. 결국 나중에 치우기 좋게 벽에 붙여놓을 가장 심플한 테이블로 결정했다. 드디어 배송이 왔다. 나를 위한 책상이었다. 아침부터 자리를 만들고 스탠드와 노트북을 세팅하고 짝꿍 잃어 혼자 있던 듀오백 의자를 꺼내 왔다.

책상이 생겼다는 말은 피상적인 거고 내면은 나의 공간이 생겼다는 행복함이다. 식탁은 퇴근하고 9시 넘어서 노트북을 가져와 작업을 한 뒤 출근 전에 다시 정리해서 옮겨놓고 하는 번거로움이 있었다. 번거로움은 참을 만했는데 주변으로 왔다 갔다 하는 식구들의 이동이 신경 쓰여 문제였다. 이젠 나만의 공간이 생겨서 더 집중할 수 있을 것 같다. 새로 온 책상 위에 파란색 수국을 담은 디퓨저병과 읽으려고 대기 중인 책들을 가져다 놓았다. 독서 달력과 다이어리까지 챙겨다 놓으니 어느새 마음이 부자가 되었다. 그게 뭐라고… 하지만, 내게 책상이 생겼다는 건 책상의 의미가 아니라 나만의 독립적인 공간이 생겼다는 상징적인 의미였다.

버지니아 울프는 《자기만의 방》에서 1년에 500파운드의 돈과 문에 자물쇠를 채울 수 있는 자기만의 방이 있으면 여자들이 책을 쓸 수 있다고 말한다. 그녀는 지적 자유는 물질적인 것에 달려 있는데 역사가 시작된 이래로 여자들은 언제나 가난했기에 지적 자유가 없었으므로 여자들에게도 적당한 수입이 필요하다고 한다. 그리고 아무에게도 방해받지 않는 나만의 공간이 필요하다고 말한다. 그 오래전에 이렇게 정확히 통찰한 버지니아 울프의 직관과 사유가 놀랍다. 130년이 지난 지금, '자기만의 방'은 요즘 트렌드다. 코로나 시대, 나노 사회와도 직결되어 자기만의 방의 필요성은 더 빨리 인식되었다. 한 지인은 이번에 입주하면서 안방을 아이들에게 내어주고 방 두 개를 각각 남편 방과 아내 방으로 만들겠다고 했다. 어쩜 현실적일 수도 있겠다는 생각이 들었다.

입주할 아파트를 다녀오는 길이었다. 방 하나를 너무 당연하게 '내 서재'라고 부르는 남편의 말에 나도 모르게 발끈했다. "그게 왜 당신 서재야?" 남편이 너무 당연했던 자기 생각에 반기를 드는 나를 당황스럽게 쳐다보며 말했다. "자기는 자기 방이 있잖아." 안방이 내 방이란다. 딸랑 침대만 들여놓을 생각을 하는 그 방을… 안방이 무슨 내 방이냐고, 그럼 당신이 거기를 쓰라고 말하는 나를 남편은 이해하지 못하겠다는 표정이지만 "그럼 그래." 하며 일단 급한 불부터 끄고 본다. 하지만 나는 안다. 그곳은 남편의 공간이 될 것을. TV를 보면 부잣집의 대부분은 남편의 서재가 있다. 여성이 CEO의 설정인 경우나 자기 책상이 있을까, 재벌 집에서도 여자의 공간은 화장대 아니면 주방이다. 왜 그래야 하는 걸까.

하재영의 《친애하는 나의 집에게》를 읽으며 엄마 생각이 많이 났다. 나에게 책을 알려준 것도 엄마였고 도스토옙스키와 톨스토이를 좋아하고 80세가 넘어서도 수필을 쓰고 싶어 하는 엄마다. 그럼에도 평생 자기 공간이라는 것을, 자기 책상이라는 것을 가져볼 엄두도 못 내고 살아왔고 딸인 나마저도 저 책을 읽기 전까지는 엄마의 그런 상황을 생각조차 해본 일이 없었다. 내게 엄마는 밥하고 옷 꿰매고 청소하고 그런 엄마였던 게다. 나이를 먹고서 내가 엄마가 되어보니 그런저런 일들이 생각나고 미안해진다. 그리고 우리 아이와 남편에게 역시 나 또한 그런 존재로 인식되고 있는 것도 알았다.

그런 인식에서 벗어나는 첫걸음이 책상 마련이었다. 책상이 들어오고 나만의 공간이 생기자 가족들이 내가 혼자 있는 것에 대해 인정을 하기 시작했다. 그렇게 나는 나만의 공간에서 나의 시간을 갖는 중이다. 나만의 공간은 《자기 앞의 생》의 로자 아줌마가 틈이 나는 대로 가서 쉬고 안식을 얻던 그 지하의 방과 같다. 혹자는 집안 전체가 주부의 공간이 아니냐고 모든 통제권을 갖고 있지 않냐고 반문할 수도 있겠지만, 로자 아줌마가 자신의 집을 두고 지하동굴에서 쉼을 얻는 것처럼 '나만의' 공간은 특별한 의미를 갖는다.

이는 남편도 나도 마찬가지다. 집이 진정한 휴식처가 되고 삶의 에너지를 재생산하기 위해서 남편도 아내도 자기만의 공간은 꼭 필요하다. 이제 둘 다 퇴직을 하고 한 공간에 머무를 일이 점점 더 많아지면 이런 각자의 공간은 더더욱 필요하다. 그리고 각자의 공간에 대한 존중은 서로에 대한 배려의 첫걸음이자 함께 사는 지혜이기도 하다.

책상이 생겼다는 건 아주 단순한 일이다.
하지만 이로써 나는
내 삶의 주인인 '나'를 만나기 시작했으니
내게는 너무도 의미 있고 소중한 책상이다.

아이는
엄마의 빈틈에서
자란다

　책을 읽지 않는 아이가 늘 걱정이었다. 내가 이렇게 읽으면 따라 읽을 만도 한데 말이다. 시간이 없기도 하지만 책보다는 컴퓨터와 훨씬 친한 아이가 나는 늘 걱정이었다. 어느 날 이 걱정이 후루룩 날아갔다. TV에서 한 강사가 나와서 '그리스 로마 신화'에 대한 얘기를 재밌게 풀어가고 있었다. 그리스 로마 신화를 좋아하는 데다 강사가 이야기를 얼마나 맛있게 하는지 홀딱 빠져들었다.

　문득 엄마의 본성이 드러났다. 아이에게 얼른 나와서 보라고 했다. 아이는 귀찮은 티를 역력히 내며 방문을 열고 나왔다. 불렀으니 예의상 나온 거라 옆에 앉지도 않고 뒤에 서서 팔다리를 움직여대며 부산스러웠다. 아이는 재밌으니 같이 보자고 호들갑 떠는 나에게 "아 저거?" 하며 자기가 아는 얘기를 술술 해댔다. 나도 잘 모르는 부분이었는데 책을 읽는 걸 본 일이 없는 아이가 쉽게 설명을 하고 있었다. "어떻게 알아? 책 읽었었어?" 아이는 유튜브에서 봤다고 했다. 아! 유튜브…

내가 어릴 땐 종이책에서 얻는 지식이 전부였다.

지금도 나는 e-book에 선뜻 손이 가지는 않는다. 책은 넘기는 맛이라며 말도 안 되는 얘기를 하는 나는 역시 꼰대다. 지식을 얻는 방식이 달라졌는데, 그 방법이 정말 너무도 많고 그 양이 어마어마한데 굳이 책을 읽어야 한다고 생각하고 조바심을 냈던 내가 우스워졌다. 아이는 아이의 방식대로 지식을 얻고 나보다 훨씬 더 많은 데이터를 갖고 있는데 책을 안 읽는다고 걱정을 했으니 말이다. 그 후로 나는 아이에게 책을 읽으라는 얘기를 하지 않는다. 아이는 도서관에서 공부를 하다가 힘들면 보고 싶은 책을 골라 대출을 하는 눈치다. 그러면 "이 책 좋은데 어떻게 이 책을 골랐어?"라며 신통해하는 정도로 만족한다. 각자의 방식이 있음을 깨달은 결과다.

내가 집에서 보는 아이는 늘 어린아이였다. 학교와 학원만 오고 가는 아이라 신검을 받게 되던 날에도 "길 알아?"라는 질문을 하게 된다. 고3 때 대입 원서를 쓰기 위해 담임 앞에서 함께 앉아 있을 때 아이가 하는 질문과 담임선생님을 대하는 태도를 보며 집에서 보는 모습과 전혀 다른 아이를 보았다. 학원에서 수시상담을 할 때도 똑같

은 생각이 들었다. 나름 생각이 있고 질문도 또렷하고 주관도 확실해
보여 든든한 생각이 들었다. 집으로 돌아와 남편에게 말했다. "아이
가 우리가 보는 거랑은 많이 다르더라. 나름 야무져서 믿어도 될 것
같아. 사회생활도 잘할 것 같고."

심윤경 작가의 《나의 아름다운 할머니》를 읽으며 떠오른 기억들
이다. 저자의 할머니는 금빛 비녀를 꽂는 할머니인데 살아온 세월만
큼 연륜에 의한 육아를 한다. 하지만 엄마는 늘 조급하고 종종거린
다. 옆집의 누구는 어디 학원을 다닌다는데, 누구는 영어를 얼마큼이
나 한다는데… 아이가 초등학생이었을 때 비슷한 얘기를 했다가 아
이에게 핀잔을 받았다. "왜 비교하는데?" 그 이후로는 남의 아이 얘
기가 쑥 들어갔다. 아이 말이 맞았다.

> 첫째도 허술하고 둘째도 허술할 것. 아무리 생각해도 좋은 부모가
> 되기에 이것보다 중요한 것은 없는 것 같았다. 아이는 부모의 빈
> 틈에서 자라기 때문에.
>
> – 심윤경, 《나의 아름다운 할머니》, 143쪽

작가는 할머니를 통해 엄마의 빈틈 속에서 아이는 자란다고 말한
다. 엄마의 여유로움과 적당한 무심함을 작가는 빈틈이라는 말로 응
축했다. 맞벌이인 나도 시어머니가 아이를 키워주셨다. 아이의 할머

니도 그러셨다. "되는 대로 해야지." 자식뿐 아니라 사는 게 아등바등하며 욕심낸다고 되는 일이 아니라는 말을 저렇게 표현하셨다. 동동거리는 나에게 "되는 대로 해야지."라는 두 마디는 묘하게 안정이 되고 마음이 내려놓아지는 마법의 말이었다.

직원들이나 후배와의 대화는 자연스레 아이 얘기로 갈 때가 많다. 컴퓨터만 하는 아이, 문을 닫는 아이, 모두의 걱정이지만 내용은 거의 비슷하다. 조금 여유가 생긴 나는 아이 걱정하지 말고 엄마가 바빠야 한다고 말한다. 엄마가 바빠서 아이를 안 쳐다봐야 한다고, 온종일 아이만 쳐다보고 아이가 오기를 기다리면 아이가 질식하지 않겠냐며 엄마가 좋아하는 일을 찾아 바쁘고 즐거워야 아이가 스트레스를 안 받는다고 말한다.

어쩌면 우리는 아이에게 나의 욕망을 대신 투사하고 있지는 않을까. 툴툴거리는 내게 친정엄마가 말했다. "너는 그냥 컸는 줄 아니?" 딱히 속 썩이며 자랐다고 생각해 본 일이 없는 나는 그 말이 충격이었다. 나름나름 다 걱정을 안고 이만큼 자란 거였는데 저절로 자란 줄 알았나 보다.

저자는 사춘기 아이의 신경질이 힘듦의 다른 표현이라고 말한다. 아이가 힘들어서라고 생각해 본 일이 있던가. 짜증은 사춘기의 특징이라 단정하고 엄마와 아이가 서로 힘든 사춘기가 어서 지나가기를 바랐지 그게 힘들다는 표현이라고는 미처 생각지 못했던 것 같다. 좀 더 아이의 눈으로 바라봤어야 하는데 무지한 엄마 곁에서 알아서 잘 자라준 아이가 고맙다.

아이가 힘들어하는 부분을 깨닫고 잠시 눈을 돌려보자.
아이는 엄마의 빈틈에서 자라니까.

마침표를 찍고
다시 나를
채우는 시간

카펠 차페크의 《평범한 인생》, 줄리언 반스의 《예감은 틀리지 않는다》, 에니 아르노 《한 여자》, 레베카 솔닛의 《멀고도 가까운》, 이어령 교수의 《마지막 수업》…. 요즘 내가 꽂혀있는 책들이다. 오래전 읽었던 이 책들을 다시 읽는다. 문득 나이가 들어 반추하는 책들, 무심코 손이 간 책들의 공통점을 깨달았다. 작가들이 노년에 접어들면서 그간 살아온 삶을 되짚어보며 후회도 하지만 그래도 열심히 살았다며 자신을 다독다독 쓰다듬는 책이다. 자신에 대한 칭찬보다는 수고했다고, 애썼다고, 그때는 그게 최선이었다고 말하는 듯 위로의 말들로 속삭인다.

삶의 마침표를 찍고 새로 시작한다는 의미를 부여한 이는 누구일까. 요즘은 그 마침표에 감사하는 중이다. 누구나 그렇듯 해마다 12월이 되면 한 해를 마무리하며 되돌아보기를 한다. 한 해 동안 무얼 하며 살았나, 더 열심히 살고 좀 더 챙기고 살 걸. 그런 후회가 생기기도 하지만 12월로 마침표를 찍고 새로 시작한다는 게 얼마나 든든한지 모른다. 모든 일의 가능성을 열고 마치 하얀 백지 도화지를 주고 다시 그려보라고 하는 느낌이다. 그래서 1월에는 다이어리가 잘 팔리고 학원과 헬스장에 등록자들이 많아진다. 12월, 마침표를 찍고 새로운 마음으로 시작을 하는 거다. 1월 1일 첫 새벽에 일출을 보러 몰려가는 것도 이런 이유가 아닐까.

나에게는 퇴직이라는, 인생의 절반을 정리하는 마침표가 생겼다. 강제 종료란 때로는 고마운 일이다. 계속할까 말까 끊이지 않는 되돌이표 고민에 종지부를 찍고 쿨하게 마음을 정리하게 한다. 30여 년의 직장 생활이 그리 녹록하지만은 않았다. 서울에서 인천까지 출퇴근 길은 편도 한 시간 이상이어서 오가며 보낸 시간들에 지칠 때도 많았다. 2년마다 바뀌는 보직이 늘 좋은 것도 아니고 만나는 사람이 항상 편한 것도 아니어서 누구나 그렇듯 돈을 번다는 게 쉬운 일은 아니었다. 그럼에도 무탈하게 마침표를 찍고 나올 수 있다는 건 얼마나 큰 축복인지, 32년이라는 세월의 무게를 생각한다면 더더욱 감사한 일이다.

이제는 강제 종료의 시기. 퇴직을 앞둔 지금은 인생의 한 텀을 정리하고 새로운 시작을 준비하는 때다. 기쁜 마음으로 마침표를 찍고 새해를 맞는 즐거움으로 새로운 기대를 안고 출발해야 한다. 다시 새로운 시작이라는, 그리고 이제는 나를 위해 내가 하고 싶은 것을 찾아 놓고 싶다는 마음이 간절해진다. 그간 만났던 사람들, 하던 일들과는 자연스럽게 이별을 하고 새로운 일과 사람들을 찾고, 만나야 한다.

그동안의 직장 생활이 아웃풋의 시간이었다면
이제는 나를 찾아 채워 넣는
인풋의 시간을 가져야 하지 않을까.

내적 충만. 이제는 허한 내 속을 꽉꽉 채우는 삶을 살아야겠다. 읽고 싶던 책들도 찾아 읽고 시간에 쫓겨 놓치던 전시와 공연도 보러 다니고 장거리 여행도 훌쩍 떠날 수 있는 시간적 여유가 생겼다고 생각하니 마음이 여유로워진다. 직장 생활 후반부에 들어서 열심히 노는 법을 배웠고 그래서 열심히 놀았다. 이제는 열심히 말고 신나게 놀고 싶다. "나는 자유다!"를 외치며 그간 매여 있느라 못했던 일들을 하나둘 찾아 해봐야겠다.

《호밀밭의 파수꾼》 끝자락에서 정신과 의사가 주인공 홀든에게 학교로 돌아가면 노력할 거냐고 묻자 홀든은 '해봐야 알지'라고 담담히 말한다. 앞으로 벌어질 일들은 장담할 일도 염려할 일도 아니고 해봐야 할 일들이다. 소속이 없어진다는 두려움, 나를 둘러쌌던 보호

막이 사라진다는 것이 염려가 아닌 진정 자유로 즐겨질지는 닥쳐봐야 알 일이겠지만 분명 자유로움을 즐기며 살 거라고 믿는다.

　그래서 기다려지는 퇴직. 이제는 정말 코앞으로 다가왔다. 직장생활에 마침표를 찍고 그렇게 새로운 인생을 시작한다는 건 설렘 반 두려움 반이지만, 무작정 한 발을 성큼 내디뎌보리라 다짐한다. 인생, 가봐야 알지. 지나온 길 모두 1초 뒤를 알 수 없이 무작정 걸어왔으니, 앞으로도 그러리라.

　또렷했던 마침표가 희미해질 때쯤,
　또 새로운 마침표가 찍힐 테니.
　다시 씩씩하게 삶의 새로운 페이지를 시작해본다.

뒷모습이 하는
이야기에
기울여보면

대학을 졸업하고 얼마 안 되어서였나 보다. 우연히 아버지의 사무실에 들르게 되었다. 잘 가라며 배웅해주는 아버지의 뒷모습을 보는 순간 눈물이 핑 돌았다. 어렵고 무섭던 아버지였는데 그래서 체구는 작아도 큰 산처럼 느껴지던 아버지였는데, 그날은 아버지의 뒷모습이 한 겹처럼 얇아 보였다. 그 이후로 나에게는 아버지는 큰 산이 아니라 감싸안아야 하는 작은 사람이었다.

뒷모습은 거짓말을 못 한다던가. 별다른 이유도 없이 작고 가볍게만 느껴졌던 아버지의 뒷모습은 '뒷모습'이란 단어를 얘기할 때마다 눈앞에 아른거린다. 그때만 해도 아버지가 50대였을 텐데 이제는 훌쩍 세월이 지나 내가 그 나이가 되었고 아버지는 구십을 바라보고 계신다.

나의 뒷모습 또한 인생의 쓸쓸함이 묻어나고 있을까.

아버지의 뒷모습을 본 이후 지나가는 사람들의 뒷모습을 유심히 보게 되었다. 대학생이나 연인들의 뒷모습에서는 생기가 묻어나고 50대는 삶의 분주함이, 어르신들에게는 삶의 쓸쓸함이 묻어나는 걸 가끔 느낄 때가 있다. 뒷모습에 감정이 있다는 걸 알았다. 늘어진 어깨와 타박타박 걷는 걸음걸이에는 그간 살아온 삶들이 녹아있음을 알았다. 그리고 나의 뒷모습에 그런 느낌이 묻어날까 섬뜩 두려워지기도 한다. 그래서인지 누군가에게 뒷모습을 보이는 게 두렵다. 부디 생기 있어 보이길, 부디 나의 감정들이 드러나지 않기를. 나이가 들면 세월의 무게는 얹어지고 대신 희망의 무게가 빠지는 걸까. 나이를 먹는다는 건 가능성을 잃어간다는 의미다.

화가 모지스는 76세에 그림을 그리기 시작해서 세계적인 국민 할머니가 되었다. 그녀의 그림에는 세상에 대한 따뜻함이 묻어나 보는 사람이 편안하고 행복해지는 마법 같은 힘을 갖는다. 모지스 할머니의 그림이 좋기도 하지만 이렇게 사랑받는 이유 중의 하나는 늦은 나이에 새로운 일에 도전해서 이루었다는 데에 대한 응원이 더 크다는 생각도 해본다.

늦은 나이에 새로운 도전을 시작하기란 쉽지 않은데 모지스처럼 예술 쪽은 그나마 좀 낫지 않을까. 젊어서는 고생도 사서 한다며 몇 번의 실패를 해도 추스르고 복구할 시간이 있지만 오십이 넘어서면

엄마는 오늘도 열심히 노는 중입니다

복구할 시간이 없다. 50대의 1년은 20대의 3년과 맞먹는 시간이다. 그런 연유로 자꾸 위축되고 자신 없어지면서 뒷모습에 쓸쓸함이 묻어나는 게 아닌가 싶다. 뒷모습 미인. 뒷모습 미인은 흔치 않다. 뒤태에서 뿜어나는 자신감은 정말 흔치 않다.

그런 쓸쓸함을 나의 남편과 동기들의 뒷모습에서 또다시 본다. 여자들보다는 남자들의 뒷모습에서 유난히 도드라지게 느껴지는 쓸쓸함과 헛헛함은 내 눈에만 그렇게 담기는 걸까. 나이가 들어서 가장 서러운 건 기회의 박탈이고 그래서 작아지는 건 자신감이며 상대적으로 늘어나는 건 소심함이다. 적어도 나의 경우는 그렇다. 점점 변화가 두려워진다.

이사만 해도 그렇다. 새로운 곳으로 둥지를 옮긴다는 건 그간 내가 다니던 교회, 마트, 시장, 헬스장, 기타 등등 내가 밟고 다닌 나의 영역을 떠나 낯선 곳에서 사소하게는 슈퍼에 빵집까지 모든 걸 새로 시작해야 한다는 의미다. 귀찮음과 두려움이 섞인 묘한 감정이 인다. 하나하나 새로 시작하는 기쁨이 있지 않겠냐는 후배들의 위로도 있지만 선배들은 새로 적응하려면 힘들겠다는 우려의 목소리를 내기도 한다. "곧 적응될 거야, 거기도 사람 사는 곳인데."라고 말하지만 퇴직과 함께 하는 이사는 그전과는 또 다른 우려를 내고 나는 우스갯소리로 퇴직 후 거의 '신분 세탁'하는 거 아니냐는 말을 한다. 새 술은 새 부대에… 그게 다일까. 이런 사소한 것에서부터 마음가짐이 필요한 나이다. 이런저런 내 마음의 상태가 뒷모습에는 숨기지 못하고 드러나나 보다. 뒷모습이 당당해지고 생기가 뿜어 나오도록 열심히 즐기며 살아야겠다는 다짐을 다시 해본다.

카스파르 다비드 프리드리히(Caspar David Friedrich), 〈안개 바다 위의 방랑자〉

엄마는 오늘도 열심히 노는 중입니다

화가 프리드리히의 가장 대표적인 작품 〈안개 바다 위의 방랑자〉에는 프록코트를 입은 한 중년 남자가 정상에 올라 안개에 싸인 발아래 세상을 굽어보고 있다. 무슨 생각을 하고 있을까. 거친 숨을 쉬며 올라온 정상에서 한숨 돌리는 걸까. 인생무상을 외치며 그간의 세월을 되돌아볼까. 아니면 지금 닥쳐있는 이런저런 상황을 생각해보는 걸까. 인생의 정점에 이르러 세상을 관조하듯 내려다보는 모습이기도 하고 생각이 많은 중년의 모습이기도 하다. 정상이라는 목표를 향해 열심히 올라온 지금, 나는 이제 어떻게, 어떤 길로 가야 하는가?

인생의 정점 뒤에는 내리막길만 있는 걸까.
방랑자의 뒷모습에서는 많은 얘기를 하고 있다.
뒷모습은 늘 많은 말을 한다.

그동안
감사했어요

　나는 종료가 참 어려운 사람인가 보다. 3년만 다닌다 했던 직장을 30년이 넘게 다녀 이젠 정년까지 하려고 한다. 2018년에 처음 시작했던 독서 모임들은 모두 여전히 진행 중이고 1998년부터 다니던 미용실도 여전히 단골이다. 대학 때 야학을 함께 만들고 4년간 교사를 하다가 그만하겠다며 울며불며 송별회를 하고 1년이 채 못 되어서 다시 하겠다고 찾아가기도 하고, 주일학교 교사도 고등학교 졸업하면서 시작해 결혼하기 전까지 꽤 오랜 시간을 해서 장기 근속표창을 받기도 했다. 이렇게 뭔가를 끊지 못하고 계속 진행하는 데는 딱히 이유가 있지는 않다. 그만둘 이유도 없고 옮기기가 귀찮다는 이유도 있고 그저 세월이 빨리 갔다는 이유가 가장 크다.

　작년에 시작한 플루트 배우기는 오늘도 진행 중이다. 플루트 연습

　　　　　　　　　　　엄마는 오늘도 열심히 노는 중입니다

을 마치고 나오는데 맞은편 상가에 있는 자주 가는 옷가게가 생각나 들렀다. 역시 꽤 오랫동안 드나들던 집인데 이제 정리를 한다는 문자를 받고 공연히 가슴이 쿵 하던 차였다. 딱히 필요한 건 없었지만 마지막 인사를 할 겸 문을 열고 들어서자 왜 이제 왔냐며 반색을 한다. 폐업 예정일이 일주일 정도 남아 물건은 거의 빠지고 없었고 사장님도 마음이 많이 정리되어 보였다. 온 김에 뭐라도 사야 예의일 것 같은 생각에 두리번거리다 니트 티를 두 개 들고 나오며 잘 지내시라고, 그동안 가게에 갇혀 여행도 전시도 많이 못 다녔으니 이제는 편하게 즐기시라고 인사했다. 사장님은 두 손을 꼭 부여잡고 문밖까지 나오며 고마웠다고 잘 지내라며 인스타 열심히 보고 있으니 더 열심히 놀라고 하셨다. 두 손에서 느껴지는 진심. 체온으로 전해지는 고마움과 아쉬움이 고스란히 느껴졌다.

사장님은 내 인스타 열혈 팔로워다. 늘 내 인스타를 보며 몇 안 되는 팔로워지만 그중에서도 가장 먼저 하트를 남겨주는 분이다. 아는 척은 안 했지만 가끔 남자분들이 오셔서 사장님께 교수님이라는 호칭을 할 때가 있었다. 사장님은 해외도 많이 나가셨고 전시며 클래식, 독서에도 일가견이 있는 분임을 짐작으로 알고 있었다. 가게를 찾아갈 때면 내 인스타를 통해 좋은 사진과 전시 그림을 많이 보게 되어서 대리만족을 한다며 환한 얼굴로 부러움을 전해왔다. "우리가 얼마 동안 본 거예요?"라는 나의 질문에 개업해서부터니까 15년이라고 답하며 지금 입고 있는 옷도 우리 옷이라며 좋은 옷이니까 잘 입으라는 말까지 보탰다. 15년. 벌써 그렇게 되었다.

아침에 출근 준비를 하며 어제 가지고 온 니트 티를 꺼냈다. 이만 원에 가지고 온 옷은 천이 참 좋다. 문득 '15년이랬지.' 사장님 대답을 기억하며 뭉클해졌다. 옷가게가 뭐라고, 이런 나를 보며 혼자 웃는다. 매장이 지금 집으로 이사 오기 전, 집에 들어가는 길목에 있어서 사무실에서 스트레스를 많이 받거나 힘든 날이면 가끔씩 가던 곳인데 벌써 15년이란다. 개인적 얘기는 안 해도 그냥 눈으로 보고 입어도 보며 스트레스를 풀었던 곳이고 내가 가진 옷 중 꽤 많은 양이 이 집 옷인 걸 보면 나름 각별하긴 하다.

문득 이렇게 하나씩 정리가 되는 걸까 하는 두려운 생각이 든다.

퇴직을 하면 인간관계가 재편된다는 얘기를 많이 들었다. 그간 업무로 만났던 사람들이 정리가 되고 사람도 새롭게 판이 짜인다고 한다. 이렇게 하나둘 자연스럽게 정리가 되어가겠지. 나보다 조금 언니인 사장님도 새로운 일상의 판을 짜고 있을 게다. 퇴직을 하는 나도 가게를 접는 사장님도 자신을 믿고 후반부 계획을 세우고 즐겼으면 좋겠다. 서너 달 후면 이사도 해야 하는데 퇴직 준비로 여겼던 집 옮김이 생각지 않게 마음의 부담을 주고 있다.

나이 들어 환경을 바꾼다는 건 정말 용기가 필요한 일이라는 걸

엄마는 오늘도 열심히 노는 중입니다

미처 생각지 못했다. 새 술을 새 부대에 담는다는 생각으로 기쁘게
받아들여야지. 그리고 또 다른 좋은 일들이 성큼 마중 나와 있길 기
대한다.

감사했어요.
새 술은 새 부대에…
이 말이 이렇게 든든하게 와닿을 줄이야.

이 또한 고맙다.

새로운 시작을
두려워하는 당신에게

Part 2

괜찮아,
이제 나만
생각해도 좋아

나는 진짜
부자일까
가짜 부자일까

영화 〈프랑스〉의 주인공 프랑스는 인기 앵커다. 그녀는 기자로서 대통령과의 인터뷰, 전쟁과 난민의 취재 등 굵직한 이슈 속에 직접 뛰어들어 취재하며 스타로서의 빛나는 삶을 살아간다. 화려함 속의 그녀는 힘듦을 나눌 친구도 없었고 남편과 하나밖에 없는 아들과의 관계는 점점 소원해져 갔다. 프랑스의 잘나가는 스타 앵커도 워킹맘에서는 벗어나지 못하는 건지 바쁜 출근길에 아이를 학교에 데려다주며 아이 뒷모습에 대고 이런저런 당부의 말들을 날리던 그녀는 스쿠터를 탄 남자와 접촉사고를 내면서 무너지기 시작했다. 세상에 혼자가 된 프랑스는 끈질기게 사과와 구애를 하는 카스트로를 받아들인다. 카메라는 카스트로의 어깨에 기대는 프랑스의 얼굴을 앵글 가득히 담는데 그녀의 눈에서는 주르륵 한 방울 눈물이 흘렀다. 그녀의

엄마는 오늘도 열심히 노는 중입니다

눈물에는 회한, 안도, 외로움, 연민… 복잡한 감정들이 섞여 흘렀다.

행복이란 무엇일까. 그녀는 무엇을 위해 살아온 걸까. 스스로 만든 유명세에 걸려 무너졌다가 일어서기를 반복하는 프랑스. 그 속에 진실과 허구라는 미디어의 양면성을 풍자하면서 한 언론의 영향력 있는 기자로서 거짓인 채로 살아가야 하는 주인공의 내면의 혼란과 고뇌를 담은 영화 〈프랑스〉는 진정한 행복이 무엇인지, 겉으로 드러난 페르소나 뒤에 숨어있는 각자의 공허함을 직시하게 한다. 우리는 맞는 길로 가고 있는 걸까.

요즘 다니는 한의원은 《동의보감》의 저자 허준의 오두막처럼 방한 칸에 열두어 명이 빙 둘러앉고 의사가 자리를 옆으로 이동하며 진료하는 방식이다. 처음엔 개인사가 심하게 노출된다는 거부감이 컸는데 적응이 된 지금은 귀동냥으로 얻는 재미를 나름 즐기고 있다. 특이한 건 불면증 환자가 많다는 점이다. 나 또한 그중 한 사람이지만 특히 오십을 넘긴 사람들은 거의 불면을 호소했다. 의사는 "어제는 몇 시간 주무셨어요?"를 녹음기처럼 묻고, 답하는 사람들은 쭈뼛쭈뼛 대충 대답을 한다. 대답은 거의 비슷하다. 다들 서너 시간을 자며 숙면이 어려웠다고 한다.

무엇이 이렇게 잠을 못 이루게 하는 걸까.
나는 '공허함'이라고 생각한다.

50대는 아이도 성장하고 직장과 가정에서도 어느 정도 안정을 찾은 시기다. 물론 퇴직과 자식 혼사 등 큰 덩어리 일들이 있겠지만 인생을 반추해 본다면 치열한 삶보다는 안정적인 삶에 돌입한 시기라고 생각한다. 그동안 직장과 가정에서 열심히 사느라 '나'를 잊고 지내다가 막상 직장에서도 자리가 잡히고 아이가 성장해서 내 손에서 벗어나자 치열한 삶 뒤에 오는 안정됨에서 느끼는 공허함. 나는 무엇을 바라 이렇게 살아온 걸까. 나는 잘 살아온 걸까. 드러내서 하는 고민은 아니지만 불면의 기저에는 이런 고뇌가 깔려있어 잠을 못 이루는 게 아닐까 싶다.

어쩌면 우리는 모두 바틀비병을 앓고 있는지 모른다.
'소진'.
성실과 최선이라는 미명 아래 우리는 진을 쏟아내며
사는 게 아닐까.

아이의 뒷바라지와 직장에서의 인정과 승진 등 당시에는 최선이라고 생각했던 일들에 부질없음과 허탈함을 느끼지 않는가. 모든 것의 우선이었던 아이는 사춘기에는 방문을 닫고 대학에 들어가면 노느라 바빠, 이제는 덩그러니 나 혼자 남겨진 느낌. 저녁 시간과 주말을 회사에서 보내고 나름 인정받았다고 스스로 위안하며 살았지만 어느새 다가온 퇴직. 나는 가만히 있는데 세월이 나를 밖으로 내보내

엄마는 오늘도 열심히 노는 중입니다

는 느낌. 이제는 무엇을 하며 살아야 하는 걸까 생각해보면 모아놓은 것도 마땅한 취미도 없고 정작 내가 무엇을 좋아하는지, 무엇을 하고 싶은지, 어떻게 살 것인지에 대해서는 전혀 생각해 본 일도 없는 큰 우주에 혼자 서있는 느낌. 50대, 60대는 그렇다. 그때는 그때만의 이유가 있었고 그렇게 사는 게 최선이라 믿었다. 하지만 정작 내 머리에 흰머리가 하나둘 생기기 시작하면서 되돌아보니 그게 맞는 거였을까, 나는 왠지 허무해진다.

프랑스는 그토록 집착하던 성공과 명성에 끌려다니며 지쳐갔다. 그녀가 눈물을 흘리는 순간은 생의 목표로 여기던 명성과 인기, 직장에서의 성공이 정말 부질없다는 것을 깨닫는 때였다. 삶 속에 내가 없이 그저 보이는 것에 끌려다니는 그런 수동적인 삶. 그동안 그토록 치열하게 살아온 것들이 아무것도 아니었다는 배신감이 더 컸을 게다. 프랑스가 깨달은 것은 현재가 전부라는 것. 과거의 명성도 부질없고 어떻게 될지도 모르는 미래보다는 지금 현재에 충실하며 사랑하고 살자는 거였다.

《더 해빙》의 저자 이서윤은 가짜 부자와 진짜 부자의 차이점을 그들이 사는 시점으로 구분한다. 진짜 부자는 오늘을 살며 매일 그날의 기쁨에 충실하지만 가짜 부자는 내일만 살면서 오늘은 내일을 위해 희생해야 할 또 다른 하루로 인식한다고 한다(이서윤, 홍주연,《더 해빙》, 98~102쪽). 그 결과, 진짜 부자에게 돈이란 오늘을 마음껏 누리게 해주는 수단이자 하인이지만 가짜 부자에게 돈은 목표이자 주인으로 그 돈을 지키고자 자신의 삶을 희생한다고 말한다.

나는 진짜 부자일까 가짜 부자일까. 우리는 프랑스처럼 앞만 보고 달려왔다. 결승점을 향해 뛰어가다 잠시 되돌아보니 어느새 눈앞에 다가온 내 나이의 무게와 한 자릿수로 마주한 퇴직이 아직은 낯설다. 공허함, 헛헛함, 이런 말들로 채워지지 않는 그 무엇이 무엇인지 계속 찾는 중이다. 하지만 한 가지 확실한 건 더 이상 자식과 직장만을 바라고 살지는 않겠다는 거다. 이제는 나를 위해 살아보자.

열심히 살아온 당신,

이제는 '나'를 위해 열심히 놀아 보자.

보장되지 않은 내일을 위해 오늘을 저당 잡히지는 말자.

'고맙다, 미안하다' 말하는 연습이 필요하다

"큰아버지야."

조용한 출근길, 지하철 안에서 큰 소리가 났다. 무심코 쳐다보니 60대 후반으로 보이는 남성분이 서서 통화 중이었다. "○○아, 사랑해. 네 처도 사랑한다. 네 아이 △△도 사랑한다. □□도 사랑해. 어머니 잘 모셔라…" 통화는 혼자서 '사랑한다'를 나열하다 끝났다. 요즘도 늦게까지 술을 하는 사람들이 있나 하며 다시 책을 보려는데 바로 앞에서 소리가 났다. 전화가 끊어졌던지 다시 통화하며 걸고 있었다. "내가 119에 실려가 죽다 살았다."라는 말이 확 들어왔는데 전화는 그대로 끊어졌다. 그분은 끊긴 휴대폰을 쳐다보다 뒤돌아서 지하철 기둥에 기대서 있었다. 돌아선 뒷모습에 서운함이 가득히 묻어났다.

어떤 일일까. 나는 이 상황을 상상해 본다. 119에 실려 죽을 고비를 넘길 때 스쳐 지나간 사람들에게 사랑한다, 고맙다를 전하려던 게 아닐까. 만약 그런 상황이라면 툭툭 끊어버린 상대가 얼마나 야속할까.

사람이 죽을 때 후회가 되는 생각 중에는 '감정을 솔직하게 표현할 걸 그랬어.'라는 항목이 있다고 한다. 이 말은 좋으면 좋다고 싫으면 싫다고 자신의 감정을 드러내라는 의미일 수도 있지만, 깊이 생각해보면 상대에게 진심으로 '고맙다' '미안하다'를 충분히 전하지 못한 게 후회되는 것이 아닐까. 언젠가 한 모임에서 내일이 지구의 종말이라면 무엇을 하겠느냐는 질문을 받은 적이 있다. 신나게 놀겠다, 오늘처럼 살겠다, 맛있는 걸 먹겠다, 친구를 만나겠다…, 여러 답변이 있었지만 가장 공통적인 것은 그간 고마웠던 사람들을 만나 고마웠다는 말을 꼭 하고 싶고 마음에 걸리는 사람들을 만나 미안했다고 전하고 싶다고 했다. 나도 그중의 한 사람이었다.

감정표현은 참 어렵다. 좋다, 고맙다는 말은 그래도 좀 낫다. 서운함, 속상함 이런 것들은 참 표현하기가 어렵다. 한의원에 갔더니 나의 체질은 땀 등 배설이 어려운 체질이란다. 여기서 배설은 몸 밖으로 나오는 모든 것을 말하는데 그중에는 감정표현이 들어있어 늘 가슴이 답답하고 위가 좋지 않다고 했다. 흔히 말하는 가슴앓이 속병이다. 그래서인지 늘 명치 밑에 돌을 하나 얹고 사는 것 같다. 한 후배는 한번 아프고 나니 스트레스가 원인이었다며 더는 스트레스를 받

엄마는 오늘도 열심히 노는 중입니다

지 않기 위해 감정을 그대로 표현한다고 했다. 그게 가능하냐고 나는 물었다. 그럴 수 있는 그가 진심으로 부러웠다.

드라마 〈이상한 변호사 우영우〉의 맨 마지막 장면에서 정직원이 된 우영우는 지금 자신의 감정이 뭔지에 대해 고민을 한다. 기쁨도 아니고 행복도 아닌 이 기분이 무엇인지를 고민하던 그녀는 첫 출근을 하는 날 회사 로비를 들어서며 그 기분은 해냈다는 '뿌듯함'이라는 것을 깨달았다. 아 좋아, 행복해, 기뻐, 신나… 이렇게 많은 단어로 표현될 수 있는 그 기분을 우영우가 적확한 단어를 찾기 위해 고심하는 장면을 보며 나도 모르게 은밀한 탄성을 냈다.

그래, 그렇게 지금의 나의 감정을 표현할 수 있어야 하는 거야.
내가 왜 기분이 좋은 건지,
기분이 좋은데 들뜬 건 왜 그런 건지,
이유 없이 가라앉을 때는 왜 그런 건지.

그 감정을 어떤 단어로 표현할 수 있는 건지를 생각해보면 무의식 속에 웅크리고 있던 나를 만나게 된다. 한 친구가 이유 없이 싫을 때가 있었다. 무엇을 먹어도 어디를 가도 그가 원하는 대로 가야 하는 것도 싫었고 선배처럼 얘기하는 것도 싫었다. 어느 날 문득 그 뒤에는 그가 가진 것에 대한 나의 열등감이 존재했음을 깨닫고 받아들였을 때 친구가 편안해졌다. 그의 문제가 아니라 나의 문제였다. 나의 감정을 들여다보고 적확한 표현을 찾아보는 것. 그렇게 정제된 감정을 받아들이고 표현하는 연습이 필요하구나.

나의 감정을 마주하고 들여다보자. 그렇게 정제된 감정을 말로 표현해보자. 그러면 아마 '고맙다' '미안해'를 입에 붙이고 살게 되지 않을까. 가장 간단해 보이는 두 단어가 모든 상황의 감정을 담고 있는 종결어처럼 느껴진다. 주변 사람들에게는 쉽게 하는 이 말이 가장 가까운 가족들에게는 참 하기 어려운 말인 것 같다. 엄마에게 고맙다는 말을 해본 일이 있던가. 남편에게 미안하다는 말을 했던가. 기억이 가물가물하다.

소중한 사람들에게
고맙다, 미안하다는 말을 먼저 해봐야겠다.
가만히 두 단어를 되뇌어본다.
문득 찾아온 마음의 몽글몽글함. 이 또한 고맙다.

너의 항해를
시작해

멈추어진 시간

흘러내리다 멈춘 펜의 잉크

길고 앙상해진 손

다시 흙으로 되돌아간 인간의 형상…

사진작가 구본창은 아버지의 임종을 앞두고 멈추어진 시간을 사진에 담았다. 아니 에르노가 엄마의 죽음을 글로 애도하고 부재를 스스로 위로했듯이 구본창 작가 역시 자신의 방법으로 아버지를 애도했다. 각자의 가장 소중한 방식으로 사랑하는 이를 보내는 작가들. 표현 방법은 달라도 독자와 관객은 또 나름의 방법으로 이해하고 공감하고 함께 애도한다. 사진을 통해 드러나는 작가의 절절한 슬픔이, 아버지에 대한 묵묵한 사랑이, 심장 깊은 곳에서의 아픔이 보는 이의 마음을 먹먹하게 한다. 그래서인지 시립미술관의 큰 홀 속에 작은 부스를 애도의 공간으로 따로 만들었나 보다.

6·25 전사자를 추모하는 사진은 또 한 번 울컥하게 만든다. 깨어진 안경. 그 안경이 그렇게 마음이 아플 수가 없다. 사진을 찍고 한참을 보았다. 녹슨 철모와 군번표, 끝까지 쥐고 있었을 수류탄 한 점, 여러 장의 사진 중에 깨진 안경이 주는 느낌은 유독 강렬하다. 이 안경의 주인은 누구일까? 지금 나의 아들 연배였을 안경의 주인은 명분을 알 수 없는 이 전쟁에서 쓸쓸히 죽어가며 무슨 생각을 떠올렸을까? 어머니…. 죽어가는 아들이 그리는 어머니와 임종을 앞둔 아버지를 대하는 아들의 모습이 오버랩되어 더 마음이 아려온다. 사랑하는 이와의 이별은 이렇게 상상하는 것만으로도 너무 아프다.

구본창은 수집광이다. 어릴 적 습작에서 잡지 표지까지 작은 것 하나 버리지 않고 모으는 수집광이다. 그가 수집한 건 취미용 물품들이 아니라 시간 수집이었다. 물건들 속에 함축된 시대와 시간들. 그는 시간을 수집하고 축적된 시간 속에서 사유를 하고 작품을 만들고 현실에 상상을 더해 시대를 표현하는 작가다.

우리 역시 많은 물건들을 버리지 못하고 갖고 있는 게
그 당시 시간에 대한 향유이기 때문이 아닐까 하는 생각이 새삼 든다.

딱히 서사가 담기지 않아도 채 버리지 못하는 것들은 그 안에 시간이 담겨있기 때문이었구나. 내 서랍 속에 절대 꺼내 보지도 않을 거면서 버리지도 못하는 물건들이 이사를 하면서도 꼬박 그 자리를 차지하고 있는 이유가 그런 것이었나 보다. 소소한 것들이지만 나름의 의미를 갖고 있었음을. 작가의 수집품들과 오브제를 보며 새삼 버리지 못하는 나를 토닥토닥해본다. 그런 거였어.

"내 속에서 솟아 나오려는 것, 그것을 나는 살아보려 했다. 그러기가 그토록 어려웠을까?" 전시장 입구는 《데미안》의 문구로 시작된다. 데미안의 말은 사진에서처럼 물속에서 몸을 일으켜 나오려는 한 소년의 모습과 닮아있다. 나를 둘러싼 것들, 나와 상관없이 흘러가는 것들로부터 안간힘을 써 나오려는 모습에 잠시 발걸음을 멈춘다. 껍질을 깨는 아픔을 감수하고 세상 밖으로 나오려 애쓰던 데미안을 떠올리며 또 한 번 문학과 그림의 상통함을 깨닫는다. 방법의 차이만 있을 뿐 말하고자 하는 본질은 늘 같구나. 최근에 그림을 보면서 깨닫는 중이다.

물에서 막 빠져나오는 소년의 모습은 우리의 모습이자 나의 모습이기도 하다. 현실에서의 안주에서 벗어나 뭔가를 해보려고 하고 변화를 시도해 보려는 노력들, 특히 중년의 우리는 나를 찾기 시작하는 때다. 익숙해진 직장과 나의 도움이 필요 없어지는 아이들, 갑자기 늘어난 시간들, 그로 인한 무료함과 헛헛함 속에서 나를 찾고 싶

구본창의 항해
023.12.14
024.03.10
KOO BOHNCHANG'S VO

어 하는 50대다. 전시의 제목은 〈항해〉이면서 물에서 빠져나오는 소
년을 테마사진으로 잡은 이유가 무엇일까? 이제는 나의 의지와 상관
없이 흐르는 대로 살던 삶에서 벗어나 내가 그리는 나의 삶으로 항해
를 하겠다는 그런 의미가 아닐까.

이제 막 물속을 헤쳐 나오는 소년이 바라본 것은 무엇이었을까.
그간의 항해는 나의 의지보다는 주어진 여건에 맞추어 흘러갔다. 이
제는 내가 키를 잡고 내가 보는 방향을 향해 가는 항해를 하고 싶다.

엄마는 오늘도 열심히 노는 중입니다

소년도 그가 바라본 방향대로

멋진 항해를 시작하길 응원한다.

소년에 대한 응원은 곧 나에 대한 응원이기에.

뭔가
퐁당 빠져보고 싶은 일이
있다면 감사

혜화동에 있는 J 미술관에서 강미라 작가의 〈퐁당(PLOP)〉이라는 그림을 보았다. 물 속에는 조개와 물고기가 놀고 있었는데 자세히 보니 소라인지 롤리팝인지 알 수가 없다. 수면 바로 아래는 지금 막 물속으로 들어오는 롤리팝이 보인다. 수면 위와 아래는 전혀 다른 세상이다. 특히 롤리팝에게는. 물에 떨어지는 순간 두렵고 떨리지만 일단 들어오면 또 다른 개체들이 존재하고 거기에도 생명이 있다. 그리고 새로 들어온 롤리팝으로 인해 물 속은 달달해지고 롤리팝은 기존의 개체들과 어우러져 무엇이 롤리팝이고 무엇이 소라인지 물고기인지 모르게 서로 동화되어 간다.

그림을 보면서 그림의 제목이기도 한 '퐁당'이라는 의성어가 마음에 꽂혔다. 나는 무엇에 퐁당 하고 사는 걸까. 내가 퐁당 하고 싶은

엄마는 오늘도 열심히 노는 중입니다

일은 뭘까. 롤리팝처럼 퐁당, 발을 담그는 게 어렵지 일단 발만 들이면 거기도 사람이 살고 모르던 또 다른 새로운 세상이 열릴 텐데, 살다 보면 별것 아닌 일에도 소심할 때가 많다.

영화 〈쉘 위 댄스(Shall we dance)〉의 주인공이 그렇다. 시계추처럼 사무실과 집을 왔다 갔다 하던 주인공은 삶이 지루하다. 그는 지하철을 기다리며 미모의 여인이 창밖에 서 있는 모습을 보고 궁금해하다, 얼떨결에 그 여인이 강사로 있는 댄스학원에 등록한다. 그렇게 시작한 댄스. 그는 낯선 댄스를 시작하면서 무료한 삶에 생기를 찾았다. 갑자기 출근도 퇴근도 신이 나고, 퇴근하면 댄스를 배울 생각에 들뜬 마음으로 서둘러 학원을 향한다. 생각지 않은 열정과 소질을 발견하고 경연대회에 참가까지 하게 되는데, 여기서 포인트는 댄스학원 등록이라는 사소한 행위로 삶의 질이 달라졌다는 점이다. 똑같은 일상에 사소한 점 하나를 얹었지만 삶이 경쾌해지고 달라졌다. 삶은 그렇게 사소한 것으로 달라지고 행복해진다. 댄스 이후 웃음과 생기를 되찾은 주인공은 마치 나의 모습 같다.

주 1회, 점심시간에 플루트 레슨을 받은 지 7개월째다. 플루트를 함께할 직원들을 모아 4명이 레슨을 받기 시작했는데 뜬금없이 발령이 났다. 다른 곳으로 출근을 해야 하는데 막 시작한 플루트가 마음에 걸렸다. 새로운 곳에 가자마자 플루트를 함께할 사람을 찾았다. 처음엔 둘이 시작하다가 한 명이 들어오고 두 달이 지나 또 한 명이

들어오고 지금은 넷이 수업을 한다. 처음에는 다들 두렵다고, 자신은 소질 없다고 했지만 누군가에게 받아두었거나 아주 오래전에 하다가 구석에 처박아 두었거나 딸이 하다 만 플루트를 들고 모였다.

막상 플루트 수업을 시작하자, 숨이 차 어지럽다고 끙끙대지만 레슨을 마치고 사무실로 돌아올 때면 기분이 너무 좋다는 말을 한다. 뭔가를 새로 시작한다는 것, 주어진 시간을 보람되게 쓴다는 것에 대한 나름의 만족감이 좋다고 한다. 나는 그냥 빙긋이 웃고 말지만, 나에게는 너무도 익숙한 이 기분을 안다. 아주 재미있고 신나는 독서토론을 마치고 집으로 돌아올 때 느끼는, 세상 다 가진 듯한 뿌듯함과 만족감. 토론이 정말 좋았던 날은 돌아와서도 단톡방이 후기로 가득하다. 모두 비슷한 감정을 느낀 거라 서로의 감정을 공유하는 후기에 또 한 번 뿌듯함과 끈끈한 연대감을 느낀다.

오늘도 레슨을 마치고 사무실로 올라오는데 새로 들어온 동료가 마치고 올 때 기분이 너무 좋다며 다른 데 발령이 나서 가면 자기도 팀을 꾸려서 계속 레슨을 받아볼까 싶다고 한다. 뭔가를 배운다는 것, 새로운 일을 시작한다는 건 삶의 악센트가 된다. 늘 똑같던 하루에서 주 1회 50분 수업을 받는 것으로도 갑자기 삶이 재밌어진다.

시작이 어렵지 시작만 하면 또 다른 세상이 열린다.

레슨을 시작한 지 얼마 안되었을 때였다. 레슨을 마치고 사무실로 복귀할 때 다른 직원들이 "오늘은 뭐 불었어요?"라고 물었다. 〈떴다 떴다 비행기〉 그것도 세상에서 제일 슬픈 비행기. 초보이다 보니 손가락 움직이는 게 서툴러 어떤 곡도 아주 느린 템포의 슬픈 발라드가 된다. 사람들은 웃지만 막상 수업을 받는 사람들은 처음에 그게 얼마나 어려운지 안다. "지나가다 보니 도레미 하시던데요?" 하며 웃던 직원이 두어 달 후 합류하더니 "그게 아주 어려운 거였네요." 해서 다 같이 웃었다. 한번은 연습한답시고 집에서 푸푸 불다가 교회에 갔는데 마침 플루트 연주가가 나와 독주를 했다. 옆에서 남편이 물었다. "원래는 저런 소리였어?"

플루트 선생님은 나보고 여기저기에 플루트 팀을 만든다며 남다른 플루트 사랑에 '플루트 요정'이라 칭하며 활짝 웃는다. 나는 함께하는 사람들이 즐기는 모습에 덩달아 웃는다. 다른 사람들은 레슨 받을 때 다들 힘들어하지만 끝내고 올라올 때면 재미있다고 웃는다. 이렇게 뭔가를 시작한다는 건 참 신난다. 이런 기분에 계속 뭔가를 배우게 되는 것 같다. 나름의 성취감. 보람 있게 산다는 자기만족이 좋아서다. 멤버 중 한 사람은 이제 막 피아노를 시작한 초등 1학년 아이와 〈떴다 떴다 비행기〉를 함께 연습하는 모습을 보고 남편이 플루트를 선물했다며 열심히 해야 한다고 수줍게 말해 우리 모두 멋진 남편이라며 박수를 쳐주었다. 그 모습이 참 곱다. 잘하고 못하고는 그리 중요치 않다. 그냥 즐기면 되지.

내가 퐁당 하고 싶은 일이 있는 게 중요하다. 그렇게 퐁당 하고 싶은 일이 있다는 건 살아있다는 증거니까. 언젠가 목사님이 교회에서 조직한 지 얼마 안 되는 핸드벨 중창단 소리를 듣고 지금은 두부 장사 종소리로 들리지만 좀 지나면 핸드벨 소리가 날 거라며 웃었던 기억이 난다. 나도 지금은 푸푸 소리 나는 플루트지만 시간이 지나면 강사처럼 곱고 맑은 소리가 날 거라는 기대를 하며 뿌듯한 미소를 지어본다.

뭔가 퐁당 빠져보고 싶은 일이 있다는 건
참 감사한 일이다.

내 말을 들어주는
단 한 사람

누군가의 말에 이렇게 집중해본 일이 있던가
누군가가 내 말을 이렇게 들어준 적이 있던가

해 질 녘 혹은 저녁식사를 마치고 자리에 앉았을 때 문득 사람이 그리울 때가 있다. 특정한 누군가가 아니라 그냥 편하게 수다 떨고 싶은 사람, 내 말을 들어줄 사람. 휴대폰을 열고 카톡친구를 쭈욱 훑다 마지막까지 가서도 마땅히 전화 한 통 할 곳이 없을 때 온 세상에 나 혼자인 듯 쓸쓸해진다. 주변에 사람이 많은 것과 가족이 있는 것과 내 말을 들어줄 사람이 있는 것은 전혀 다르다. '풍요 속에 빈곤'이라든가 '군중 속의 고독' 같은 말들은 공연히 나온 말들은 아닌 듯하다. 어느 시인의 말처럼 그대가 옆에 있어도 그대가 그립고 누구를 만나고 있으면서도 사람이 그리운 건 뭔가가 채워지지 않는 빈자리가 많은 까닭이다.

영화 〈스틸 라이프〉는 고독사를 처리하는 22년 차 공무원 존 메이에 관한 이야기다. 그의 주업무는 쓸쓸히 사망한 사람들의 유품을 단서로 아무도 듣지 못할 추도사를 작성하고 정성껏 장례를 치러주는 일이다. 망자의 가는 길에 가족을 초대하고 싶어 하는 그는 고인의 사진 속에서 단서를 찾아 가족을 찾아 나선다. 하지만 어렵게 찾은 가족들은 장례의 초대를 거부하고 대부분의 장례를 그가 혼자 치른다. 그는 망자가 영원히 누울 자리를 선별하고 직접 누워서 햇살을 바라보며 망자가 죽어서는 외롭지 않고 따뜻한 곳에 있었으면 하는 바람을 해본다. 어느 날 부서통합으로 인한 해고통지를 받은 존메이의 마지막 의뢰인은 빌리 스토크였다. 그의 집에 가서 창문을 열어 밖을 보니 자신의 집이 마주 보였다. 순간 왠지 그를 지켜 주었어야 했나 보다 오지랖 넓은 미안함이 생겼던 것 같다. 그는 빌리 스토크의 연고를 찾기 시작하며 그의 삶의 궤적을 따라가다 결국 그의 삶에 깊이 관여하고 공감하게 된다. 영화는 삶과 죽음이 평행선이 아니라 하나의 직선이라는 얘기를 던진다. 존 메이에게 산 자와 죽은 자는 더불어 사는 사람이지 또 다른 세상의 사람은 아니었다.

영화 속 존 메이의 생활은 고독사한 사람들의 삶과 그리 다르지 않았다. 아주 심플한 집에서 거의 때우는 수준의 식사와 장례 준비로 만나는 사람들 외에는 대화가 없고 만날 사람도 없다. 그런 존 메이에게는 살아있는 사람이나 혼자 죽어간 사람이나 크게 다르지 않았을 것 같다. 그가 가족을 찾아다니는 건 죽어서라도 화해를 시키고 싶다는 생각에서다. 살아서는 서로 어긋나게 살았지만 보내는 상황에서는 어떻게든 화해하고 잘 가라고 작별인사라도 해서 보내면 남아 있는 사람들의 마음이 훨씬 가벼워지지 않을까 하는 배려였을 게다. 하지만 장례에 오겠다는 가족들은 거의 없었다.

우리나라에도 청년 고독사가 4일에 1명꼴이라고 한다. 뉴스에 의하면 그들 옆에는 소주병, 약봉지, 그리고 쌓여있는 이력서, 편의점 음식물 등이 흩어져 있다고 한다. 무엇이 우리의 아이들을 이렇게 피어보지도 못한 채 꺾어지게 했을까. 언제부턴가 고독사나 우울증으로 사망한 기사 아래에는 상담 연락처가 커다랗게 쓰여 있다. 누군가의 말 한마디가 그들의 잘못된 선택을 막을 수도 있다는 예방적 배려에서 나온 대안이지 싶다. 누군가의 말 한마디. 그들의 말을 들어줄 단 한 사람만 있었어도 그렇게 되지는 않았을 텐데… 영국과 일본에서는 〈스틸 라이프〉의 존 메이처럼 정부기관 중 고독을 담당하는 부서가 있다고 한다. 그들이 하는 일은 뭘까. 단순히 고독사 예방 교육이나 후속조치는 아닐 것 같다. 특히 일본의 경우는 고독사라는 말 대신 고립사라는 말을 쓰는데 이는 외로움보다는 사회관계의 단절을 강조한 말이라고 하니 더 쓸쓸해진다.

현대 사회는 말을 하고 싶어 하는 사람만 있고
들어주려고 하는 사람은 별로 없다.

SNS나 블로그는 '나는 이렇게 살고 있어요' '나는 이래요'… 그렇게 말하고 싶은 사람들의 홍수다. 그 속에서 더러는 피로해지기도 하고 나 또한 그 피로함에 일조하기도 한다. 읽은 책이나 최근에 본 공연이나 전시, 여행지, 예쁜 카페를 소개하며 자신의 일상을 알리는 소셜 네트워크는 정보를 얻기에 좋다. 하지만 내가 오늘 먹은 간식, 오늘 점심에 먹은 메뉴까지 사유 없이 올리는데 급급한 SNS는 심한 TMI로 도배될 때도 많아 가끔은 '어쩌라구' 하며 닫아버리게 된다.
　모두가 말하고 싶어 할 때 들어주는 사람, 정말 그런 사람을 만나기도 어렵고 나 또한 듣기보다는 말하는 걸 즐기는 사람이다. 들어주는 직업이 있다면 정말 좋겠다는 생각을 많이 했다. 그런 직업이 있는지 검색도 해보고, 있다면 정말 찾아가 보고 싶어 한 적도 있었다. 하지만 곧 포기했다. 왠지 그런 직업이 있을 것 같지 않았다. 누군가의 감정의 쓰레기통이 되어준다는 것은 하늘이 내지 않고는 할 수 없는 일일 것 같았다. 하지만 내 말을 들어주는 한 사람. 그 한 사람이 누군가의 생명을 지키는 사람이고 그 사람이 살아가는 힘이 된다면 …. '경청'을 한자로 풀면 몸을 기울여 듣는 일이다. 사무실 책상 위에 경청이라 써 붙이고 날마다 쳐다본 때가 있었다. 말을 하고 싶은 사람만 있고 들어주는 사람이 귀한 시대. 가장 힘든 게 들어주기인데 그것도 성의를 다하고 공감까지 하는 경청은 정말 힘든 일이다.

말하고 싶은 사람만 많고 들어주는 사람이 없는 시대.
내가 내 말을 들어줄 사람이 필요하듯
들어줄 사람이 필요한 누군가를 위해
나부터 듣고 공감하는 연습을 좀 더 해야겠다는 다짐을 해본다.

혼자도 좋지만
같은 곳을 바라볼
사람이 그립다

두 사람 이상이 함께 똑같은 일을 경험하고 감동하며,

울고 웃으면서 같은 시간을 보낸다는 것은 너무도 멋진 일이다.

– 니체, 《인간적인 너무도 인간적인》

　7년째 이어가는 독서토론 모임이 있다. 2주마다 한 번씩 독서토론을 위해 모였지만, 가만 있지 못하는 나는 가끔 번외 번개를 제안한다. 번개는 사람의 긴장을 풀고 결속시키는 역할을 한다. 이 모임은 이따금 번개를 하면 출석률이 엄청 높다. 어제도 번개가 있던 날이다. 소설 《키르케》를 함께 읽고 나눈 날, 우연히 D아트홀에서 하는 칼립소 전시를 발견해서 공지를 했는데 역시 이 공지가 이날 번개의 단초가 되었다. 전시는 사전 후기 등을 검색하고 올린 게 아니었다.

　　　엄마는 오늘도 열심히 노는 중입니다

다만 D아트홀에서 한다는 기관의 신뢰를 바탕으로 찾아갔는데 기대와는 전시 방향이 좀 달랐다. 잘 알아보지 않고 계획한 것을 미안해하던 차에 재빠른 리더 L의 안내에 따라 곧 어느 셰프가 한다는 국밥집으로 행선지를 옮겼다.

국밥집은 얼마 전 영화관에 가던 길에 "여기 언저리 어디였는데…." 하고 헤매다 결국 못 찾았던 곳이다. 마침 전에 토론했던 책《소년을 읽다》에 그곳 셰프가 언급된 일이 있어 찾아갔다. 비가 부슬부슬 오기 시작했고 11시 반쯤 되었으니 시간도 적당하여 밥부터 먹자며 국밥집을 향해 갔다. 추적추적 비가 오는 날, 따끈한 돼지국밥에 피순대는 탁월한 메뉴 선택이었다.

영화 예약시간까지 시간이 있어 식사 후 전시도 볼 수 있었다. S미술관의 전시는 전에 왔다가 시간이 안 되어 돌아간 터라 이번에 추천을 했는데 다들 좋아했다. 그중 유독 돋보인 달리의 〈눈동자〉는 역시 달리임을 보여주었고, 여럿이 보는 전시는 혼자 혹은 둘이 보는 전시와는 또 다른 매력이 있었다. 카페에서 서로 찍은 사진을 공유하며 지난번 토론했던 책에 대해 미처 못 했던 얘기들을 풀어 놓는다. 그사이에 검색도 하고 책도 마저 읽고 토론을 하며 생각도 많이 정리되어 얘기가 더 풍성하다. 이렇게 우리도 지경이 넓어지는 거야, 하며 스스로 토닥토닥 칭찬을 해본다.

영화까지 일정을 끝내고 나서자 밖에 날이 개어 있었다. 가을 같은 날. 하루를 알차게 보내고 덕수궁을 돌아 시청역으로 오는 길이 참 좋다. 취미를 함께한다는 건 참 좋은 일이다. 나이가 오십이 훌쩍 넘어가니 취미를 공유할 수 있는 사람이 있다는 게 축복이라는 걸 몸으로 실감하는 중이다. 생각보다 그렇게 함께할 사람이 드물다. 취미와 친분은 별개다. 누구는 등산을, 나는 전시나 영화를 좋아한다면 그건 취미라 어쩔 수가 없는 거다. 등산이 싫은데 따라가는 것도 한두 번이고 전시도 마찬가지다. 남편과 앙리 마티스 전을 함께 갔을 때였다. 열심히 도슨트 설명을 듣고 나서자 남편이 이제까지 벌섰으니 커피라도 사라고 얘기할 때 깜짝 놀랐다. 남편은 쉬어가자고 농담삼아 한 말이겠지만 아차 하는 생각이 들어 이제 전시 얘기는 한 걸음 뒤로 물러서고 있다.

부부더라도 각자의 취향은 존중되어야 한다. 몇 번의 경험을 통해 사진전에는 관심이 있음을 알아서 요즘은 사진전은 같이 다니고 있다. 친구가 많지도 않지만 그들이 모두 책이나 전시, 영화, 나들이를 좋아하는 건 아니다. 좋아하지도 않는 일을 함께하는 건 고문이라는 생각이라 가급적 권하지 않는다. 하지만, 이렇게 취미를 공유하고 나눌 수 있는 모임이 있어 좋다. 점점 더 그 소중함이 커져갈 것 같다.

어느 노인이 개구리 한 마리를 잡았는데 개구리는 이렇게 말했습니다.

"키스를 해주시면 저는 예쁜 공주로 변할 거예요."

그런데 이 말을 들은 노인, 키스는커녕 개구리를 주머니 속에 넣

엄마는 오늘도 열심히 노는 중입니다

어버렸습니다.

개구리는 깜짝 놀라 "키스를 하면 예쁜 공주와 살 수 있을 텐데요. 왜 그렇게 하지 않죠?" 하고 물었습니다.

그랬더니 노인은 "솔직히 말해줄까? 너도 내 나이가 되어보면 공주보다 말하는 개구리가 더 좋을 거야."라고 대답했습니다.

나이가 들면서 점점 사람이 그리워진다.

젊을 땐 그냥 만나서 웃고 떠들고 강아지마냥 쏘다니고… 만나는 것만으로도 즐겁고 좋았는데, 지금은 점점 피곤한 생각이 들어간다. 각자의 생각과 성향과 취미가 굳어진 세월, 전혀 다른 취미의 사람과 서로를 배려하며 취미생활을 한다는 건 에너지 소모가 너무 크고 서로 간에 피곤하게 느껴지는 탓이다.

이번 주는 영화도 전시도 가고 싶은 마음이 가득한데 누군가와 같이 가려니 마땅치 않아 결국엔 혼자 나서야 하나 보다, 하고 생각 중이다. 나는 혼자 나서는 게 낯설지 않다. 같이 가자고 말을 걸었다가 일정이 있다는 둥 귀찮다는 둥 약속이 안 되면 나도 가고 싶은 마음이 사르르 무너져 집에 들어앉기가 일쑤인데 막상 해 질 녘이 되면 그때 나갔어야 했어, 하며 후회할 때가 많다.

서울 시내나 전시 등은 혼자 다니는 게 편하기도 하다. 혼자 다니면 일일이 시간을 맞출 필요가 없어 좋다. 예쁜 카페를 지나가면 옆

사람에게 물어볼 일 없이 그냥 들어가서 쉴 만큼 쉴 수도 있고 길가에 핀 예쁜 꽃이나 멋진 하늘을 찍기 위해 순간순간 걸음을 멈추기도 한다. 일정을 마음대로 변경해서 힘들면 그대로 집에 오면 되고 기력이 되면 한 군데를 더 들르기도 한다. 막상 혼자 다니면 세상 편하긴 하다. 그런데 혼자 다녀서 아쉬운 것도 있다. 카페든 전시든 영화든 정말 좋으면 그 좋음을 누군가와 나누고 싶어지기 때문이다. 정말 좋지 않냐고 한바탕 호들갑을 떨어야 좋음이 배가되는데 그때가 좀 아쉽긴 하다. 대신 톡방이나 블로그에서 강추하는 것으로 대신하기도 한다.

한동안 사람들과 다니다 보니 혼자가 다시 어색해지고 있다. 문제는 휴대폰의 톡 친구를 들여다봐도 같이 갈 사람이 마땅치 않다는 거다. 각자가 사는 거리와 상대의 현재 상황도 그렇지만 서로 간의 취향과 취미가 다르다는 게 가장 큰 이유다. 걷는 거 딱 질색인 사람에게 걷자고 하거나 클래식을 들으면 죽도록 졸리다는 사람에게 음악을 듣자고 하는 건 서로 간의 고문이다. 취향은 지독히 개인적인 것이고 친한 것과 취미를 공유하는 것은 다르다.

살면서 점점 부러워지는 건
같은 취미와 성향을 가진 친구가 있는 거다.
미술을 좋아하는 사람이 미술관 관람 취미를 가진 사람을,
글을 좋아하는 사람이 읽고 쓰는 취미를 가진 사람을,

엄마는 오늘도 열심히 노는 중입니다

여행을 좋아하는 사람이 여행이 취미인 사람과
친구를 하는 게 부럽다.

앞으로 퇴직을 하고 나면 취미가 일상이 되어야 한다. 가끔은 더
나이 먹으면 누구랑 놀지 걱정이 될 때도 있다. 전시를 같이 가는 사
람, 등산을 같이 가는 사람, 공연을 같이 가는 사람, 책을 읽고 함께
수다 떨어주는 사람, 액션 말고 비슷한 영화 취향을 공유할 사람, 편
히 여행을 함께 갈 사람… 이중 한둘만 있어도 덜 외로울 텐데 하는
생각이 점점 짙어진다. 얘기를 하다 보면 비슷한 걱정을 하는 지인들
이 많다. 드러내지는 않아도 다들 비슷하게 생각하는 모양이고 그런
거 보면 사람이 살아가는 루틴이 비슷한가 보다, 하는 생각도 든다.
    그래서 나이가 들면 부부가 친구가 되어지나 보다. 지금은 남편과
주로 걷기와 여행을 함께한다. 걷기와 여행에 대해서 어느 정도 코드
가 맞아 다행이다. 그 뒤엔 남편이 여행 코드를 맞춰주고 있음을 안
다. 둘 다 퇴직을 하면 함께 도보여행이나 장터순례를 하며 남편은
정보와 소식을, 나는 에세이를 써서 함께 공저를 내고 싶다는 야무진
생각도 해본다.

    한충석 화가의 그림 〈같은 곳을 바라보다〉에서는 큰 부엉이 머리
위에 작은 부엉이가 올라앉아 멀리 같은 곳을 바라본다. 둘의 관계는
연대와 공생의 관계다. 나란히가 아니라 큰 부엉이는 받쳐주고 작은

부엉이는 멀리 봐주는 연대와 공생의 관계다. 그렇게 같은 곳을 바라볼 사람이 그립다.

아무 말 하지 않고
그저 같은 곳을 바라볼 그런 사람이 그립다

엄마는 오늘도 열심히 노는 중입니다

마음이
따뜻해지는
말 한 마디

지하철로 출근을 한다. 대학입학 때부터 시작한 1호선 인생은 오늘까지 진행 중으로 40년이 되어간다. 처음에 송내역이 생길 때는 포도밭밖에 없어 내리는 사람도 없는데 왜 만들었을까 투정하기도 하고 그 유명한 신도림 푸시맨이 있던 시절, 한 친구는 앞에선 여자를 보호한다 했던가 밀착되는 게 싫다고 버텼다던가 아무튼 다리가 부러져 깁스를 한 일도 있었다. 철마다 새우를 사러 소래며 북성동을 가는 아줌마들이나 섬투어를 하러 연안부두를 가는 사람들, 1호선을 타고 소요산에 등산을 가는 등산객 등 지하철에는 여러 군상들이 모여 있었다.

요즘 출근길 지하철에 앉아있는 사람은 두 부류도 나뉜다. 눈을 감은 사람과 휴대폰을 하는 사람. 피곤함에 자는 사람도 많지만 자는 것 같지는 않으나 앞 사람 눈 마주치기 불편해서 눈을 감고 아무 생각 없이 가다가 졸리면 자고 하는 사람들도 꽤 있어 보인다. 그리고 대부분은 휴대폰을 들여다본다. 유튜브를 보는 사람, 드라마를 보는 사람, 게임을 하는 사람, 톡을 하는 사람… 그 사람들 중에 유독 진상인 사람이 있다. 같은 기성세대라는 생각에 나를 늘 창피하게 만드는 사람들이다. 그들의 공통점은 남에 대한 '배려'가 없다는 거다.

오늘도 지하철을 탔다. 내가 탄 칸에는 여러 사람이 서 있었는데 유독 왼쪽이 비어 보여서 자연스레 그쪽으로 갔다. 비어있던 이유는 한 남자가 다리를 꼬고 앉아 있어서 그 앞에 설 수가 없다는 거였다. 그 옆에 아줌마는 커다란 짐보따리를 다리 앞에 놓고 앉아 그쪽에는 사람이 서 있을 수 있는 환경이 아니었다. 두 사람은 부부였는지 아줌마는 아저씨 팔을 툭 치더니 눈인사를 하고 짐을 들고 내렸다. 운 좋게 그 자리는 내 차지가 되었고 여전히 다리를 꼬고 휴대폰에 집중하는 아저씨를 흘낏 쳐다보니 카드 게임 중이었다. 아침 출근길 빡빡한 지하철에서 조금만 남을 신경 쓰면 될 일을, 답답한 생각이 들었다.

작년 말인가 보다. 어느 역에서 지하철을 기다리는데 한 아저씨가 머플러를 흘리고 갔다. 근처에 있던 젊은 남자가 아저씨를 불러 머플러가 떨어졌다고 알려주었다. 아저씨는 젊은 남자를 '뭔 소리야'라는 표정으로 힐끗 쳐다보더니 머플러에 뭐가 묻었는지 여러 번 확인만 하고 가버렸다. 젊은 남자는 좋은 일을 하고도 죄를 지은 사람처럼 옆에 서 있었고 멀리서 그 상황을 바라보는 내가 외려 더 무안해

엄마는 오늘도 열심히 노는 중입니다

졌다. 보통 사람이라면 머플러를 줍기 전에 고맙다는 말을 먼저 하지 않았을까. 끝까지 고맙다는 말을 생략하고 가버리는 아저씨는 무슨 생각일까. 공원에서는 흔히 볼 수 있는 외부 스피커로 트로트를 크게 듣는 사람이 지하철에도 종종 보인다. 지하철 내에서 트로트를 틀어놓고 듣는 탓에 신경이 자꾸 쓰이는데 사람들이 힐끔거리는 사실을 그들은 모르는 걸까.

남에 대한 배려는 시민의식의 시작이다.

공중질서를 지키는 것과는 결이 다르다. 선진국일수록 남에 대한 배려와 예의를 지킨다. 중학교 때 영어선생님이 말했다. 외국 사람은 신발을 밟혀도 '쏘리'라고 한다고. 내가 밑에 있어서 미안하다고. 또한 엘리베이터를 탔는데 내릴 때 걷어차인 사람이 있었다. 그 이유는 '땡큐'라는 말을 안 해서였다. 유머로 한 얘기지만 인상이 깊었기에 지금도 기억을 한다. 고마워, 미안해가 일상화가 되는 사회. 그리고 그 말에 진심을 담는 사회가 진정 선진국이 아닐까. 물론 나보다 윗세대들은 버겁게 살아오면서 감정표현에 대한 훈련이 안 되어 있어 미안하다, 고맙다라는 말을 입 밖으로 꺼내지를 못한다. 고마워, 미안해를 일상화하면 미안한 일을 덜 만들 수도 있지 않을까.

지하철을 타면 여러 군상을 본다. 온 동네가 떠나갈 듯 전화기에 대고 얘기를 하는 아줌마. 내용은 시장 본 얘기, 병원 다녀온 얘기,

심지어는 최근에 해먹은 반찬과 김치 담그는 얘기까지 전혀 급하지 않은 얘기들을 내릴 때까지 하는 경우도 있다. 옆에 있는 사람은 전혀 궁금하지도 듣고 싶지도 않은 얘기들을 덩달아 들어야 하는 피곤함이 몰려온다. 우리 아들은 버스나 지하철에서는 절대 전화를 받지 않는다. 전화가 울리면 얼른 끊어버리고 지하철 안이라며 무슨 일이냐고 문자로 묻는다. 처음엔 야박한 생각도 없지는 않았지만 그게 맞는 것 같아서 요즘엔 시간을 봐서 아예 문자로 묻는다.

젊은이들이 공중 예절을 지키며 몸에 익힌다는 건 고무적인 일이다. 그렇게 세상이 변화가 되어간다. 지하철을 내려 사무실로 들어오자 직원이 차를 주려 한다. 내 차는 내가 알아서 마신다고 신경 쓰지 말라고 해도 본인 걸 내리면서 같이 내렸다며 준다. 그 친구는 커피를 안 마시는 걸 알기에 그 말이 거짓말임을 안다. 이런 작은 것부터 남의 손을 거치지 않는 것. 그리고 그렇게 해주려는 직원에게 진심 고마운 마음을 갖는 것, '고마워' '미안해'의 시작이다.

얼마 전 동창이 장인상을 당해 문상을 다녀왔다. 처한 상황이 비슷해 만나면 가끔 가족 얘기를 하던 터라 그의 아내에 대해서는 여러 번 들은 기억이 있었는데 실물은 처음이었다. 처음 본 그의 아내는 말을 잘하고 엄청 적극적인 사람이었다. 평소 친구는 아내에 대한 불만을 얘기했는데 막상 아내는 친구가 참 고마운 사람이라고 말했다. 가사의 많은 부분을 도와주고 이번에 아버지가 돌아가시기 전까지 매주 장을 봐서 같이 문안을 오기를 수개월을 하면서 한 번도 싫은 티를 내지 않아 쉽지 않은 걸 안다며 고맙다는 말에 진심을 녹여 얘기했다. 문상을 마치고 나오면서 친구에게 "사람이란 복잡한 감정을 다 안고 있어도 결국엔 고맙다는 말 한마디에 무너지는 거야."라며 "아내가 그렇게 생각할지는 몰랐지?" 하고 물었더니 그는 묵묵히 고개를 끄덕였다.

사람이 산다는 건, 그리고 가족이라는 건 그런 건가 보다. 무수한 실망과 오해 속에서도 '고맙다, 미안하다'라는 말로 감싸안아지는 것. 이렇게 간단한 말을 왜 그리 아끼고 힘들어하는 건지. 특히 우리 부모님 세대는 고맙다, 미안하다라는 말에 엄청난 자존심을 걸었던 것 같다. 사소한 일에 미안하다 고맙다 표현을 하면 오해가 많이 사라지고 서로 간의 마음이 편안해질 것을… 어쩌면 가장 친한 사람이라 가족끼리는 더 말하기 어려운 게 아닐까.

드라마를 봐도 늘 고맙고 미안한 마음이 가득한 표정이어도 정작 그 말은 마지막 임종 시에나 하는 말이다. 아끼지 말고 감정을 표현하는 연습을 해야겠다. 지인들에게는 쉽게 하는 고맙고 미안하다는 말이 식구들에게는 왜 이리 어려울까. 어제 친구도 아내의 그 말 한 마디에 마음이 녹아내렸을 것 같다. 사람 사는 게 다 비슷한 모양이다. 나도 식구들에게 고맙다는 말을 해야겠다.

'고맙다'라는 세 음질 말이

얼마나 큰 덩어리의 감정을 담고 있는지,
얼마나 사람을 싸안게 되는지 새삼 느끼는 순간이었다.
고맙다!

엄마는 오늘도 열심히 노는 중입니다

독서와 글쓰기의
재미를 아는 당신에게

Part 3

꿈꿔봐,
무얼 할 때 가장
행복하니

다른 사람과
함께하는
책을 읽는 즐거움

　토요일 아침 7시 반, 독서 모임을 간다. 집에서 6시 반에는 나와야 하니 바쁘게 시작하는 주말아침이다. 가끔은 어인 극성일까, 이렇게 안 해도 아무 일 안 생기는데 굳이 이런 극성을 떨까 투덜거리기도 하지만, 그래도 씩씩하게 집을 나선다. 독서 모임에 남자는 그리흔치 않은데 40대 초반으로 보이는 남자분이 오셨다. 뇌졸중으로 현재 재활치료 중이라고 말하는 그분은 말끝에 아직 희미한 어눌함이남아 있었다. 원래 책을 좋아해서 계속 독서 모임을 해왔는데 입원으로 한동안 책을 놓았다가 최근 재활 치료를 받으면서 문득 내가 책을읽던 사람이었지 하는 생각이 들어 다시 참여를 하게 되었다고 했다. 그분의 말에서, 몇 년 전 내가 처음 독서 모임에 와서 느꼈던 그 감정을 고스란히 전달받은 듯해 저 기분이 어떤지, 어떤 마음으로 여기에

　　　　　　　엄마는 오늘도 열심히 노는 중입니다

왔는지 완전 공감이 되었다.

나도 그랬다. 첫 번째 독서 모임에서 단지 책 한 권을 읽고 나누었을 뿐인데 어릴 적 책 속에 빠져 살았던 나의 모습들이 주마등처럼 지나가며 가슴을 주먹으로 맞은 듯 멍들게 아파왔다. 돌아보니 직장생활과 결혼생활, 육아, 승진 준비 등으로 책을 놓고 살았던 기간이 생각보다 꽤 길었다. 하지만 단 한 번의 책 모임은 과거의 나를 찾아 제자리에 갖다 놓는 듯한 느낌이었다. 그도 그랬으리라. 얼마나 설레는 마음으로 이 자리에 왔을까.

하지만 이런 기분은 비단 한두 사람의 얘기는 아니다. 7시 반 모임인데 7시 전에 와서 버스정류장에서 책을 읽으며 기다렸다는 사람, 이 새벽에 멀리 의정부, 이천에서부터 서울역까지 책 모임을 위해 오는 사람. 우리는 왜 이 모임을 이렇게 애정하는 걸까. 모두 책에 대한 애정으로 모인 거다. 책을 읽고 함께 나누면 그 뿌듯함이 얼마나 큰지를 아는 사람들이기에 이렇게 이른 시간에도 모인다. 다들 어찌 주말 아침잠이 그립지 않겠는가. 하지만 잠보다 더 귀한 것을 얻어간다는 기대와 기쁨으로 이렇게 나오는 거다.

나는 왜 책을 읽는 걸까.

일단 재밌으니까 읽는다. 작가가 풀어내는 진솔한 얘기 속에서 작가가 살아온 세월과 살아가는 방법, 그 속에 녹아든 그의 사유를 본다. 많은 부분을 공감하지만 더러는 글쎄 정말 그럴까, 소심한 반기도 들어보며 작가의 생각을 나누어보는 것은 깊은 재미가 있다. 또한, 사람에게 답을 얻지 못할 때 비슷한 경험을 한 사람들이 이야기 속에서 나만 그런 게 아니라는 심심한 위로와 나도 그런 방법으로 지금을 극복해볼까 하는 용기를 얻기도 한다.

어릴 때 독서는 지식을 얻는 행위였다면
중년의 독서는 살아가는 지혜와 내려놓는 것을 배우는 행위다.

먼저 살아보고 겪어본 사람들의 이야기를 통해 그걸 책으로 푸는 거다. 어쩌면 사람은 본능적으로 공평의 욕구가 있는지도 모른다. 나만 그런 게 아니라는 것에서 오는 안도감은 사람을 참 편하게 하며 많은 것을 내려놓게 한다. 그리고 책은 사람에게서 받는 위로와 또 다른 깊숙한 위로와 공감을 준다.

특히 고전의 경우 진한 시골 국물처럼 삶이 녹아난 글에서 인생을 본다. 소설의 인물들이 추구한 부와 쾌락이 얼마나 부질없는지, 주인공들이 자기를 찾기 위해 얼마나 절절한 고민을 하며 삶을 진지하게 사는지를 함께 고민하며 들여다본다. 다양한 삶의 서사지만 지금의 우리와 크게 다르지 않다. 주인공과의 공감을 통해 종국에는 그 속에 있는 나를 마주하며 반성도 하고 다짐도 한다. 그렇게 사유하고 성장하는 기쁨이 있기에 책을 읽는다.

엄마는 오늘도 열심히 노는 중입니다

또 하나, 책을 읽으면 왠지 열심히 보람 있게 살고 있다는 느낌이 들어 좋다. 자투리 시간을 쪼개서 알차게 쓴다는 나만의 만족이 있다. 늘 책을 넣고 다니다 보니 가장 먼저 가방이 바뀌었다. 구두와 핸드백을 놓은 지는 오래되었고 주로 스니커즈에 작은 배낭을 멘다. 가방을 들 때 책과 포스트잇은 가장 먼저 챙기는 물품이다. 출퇴근 등 이동은 주로 지하철을 이용하는데 출퇴근 시간이 길다 보니 가벼운 에세이는 출근길에 후루룩 한 권을 읽는다. 약속 시간에 가끔 상대가 늦는다고 해도 노프라블럼! 그동안 내가 아무 데나 앉아서 책을 읽고 시간을 쓰면 되니 아무 문제가 없다.

사실 한 달에 지정도서만도 7~8권이 되어 기한을 맞춰 읽어내는 건 쉽지가 않다. 게다가 발췌도 해야 하고 좋은 책은 단상도 적어야 하고 기록도 하려면 이렇게 자투리 시간을 쓸 수밖에 없다. 시간을 쪼개서 쓴다는 것만으로 열심히 살고 있다는 자부심에 자존감이 쑥쑥 올라가기도 해 내 안이 뭔가로 가득 차오름을 느낀다. 요즘은 걷는 시간도 활용하려고 오디오북을 듣거나 유튜브를 들으며 이동하기도 한다.

나와 비슷한 사람들과 함께 책을 읽으며 에너지를 얻는다. 함께 해서 더 커지는 시너지가 내가 기를 쓰고 독서 모임에 참여하는 이유다. 그리고 이렇게 같은 곳을 바라보는 사람들이 있어서 낯선 그들과 함께하는 만남이 기분 좋다. 같은 책을 읽고 다르게 보는 시선. 그 낯선 시선을 대할 때 느끼는 희열이 있다. 책은 열 사람이 읽고 나누면 열 권의 책을 읽는 느낌이고 열 번의 책을 읽는 효과다. '아, 그렇게 볼 수도 있었어.' 늘 많이 깨닫고 배우게 된다.

토론을 마친 다음 날에는 단톡방에 추가 자료와 단상들이 올라온다. 그날의 여운이 아직 가시지 않은 사람들이 이런저런 후속 자료를 찾아 올려주니 서로 나눔이 감사하다. 그들도 어제의 책이 좋았던 게지. 독서 모임에 오는 사람들은 지적 욕구에 대한 갈망이 큰 모양이다. 그 갈망을 함께 채워가는 모습이 늘 뿌듯하다. 이런 뿌듯함들이 내가 책을 읽고 즐기는 놀이가 된 이유다.

머리와 가슴속에 뭔가를 가득히 채우는 느낌.
그리고 열심히 살고 있다는 자부심이
오늘도 나를 으쓱하게 한다.

엄마는 오늘도 열심히 노는 중입니다

책이라는
삶의 전환점

퇴근 후 독서토론 모임을 간다. 사무실에서 토론 장소까지 1시간 반. 지하철을 탔다. 몸이 천근만근이다. 게다가 갑자기 닥친 한파에 입고 있는 옷이 춥지 않을까 걱정까지 더해 걸음은 점점 더뎌졌다. 토론장소로 가는 중간에 집이 있다. 집이 다가오는데 내려야 할까, 계속 가야 할까 엉덩이가 들썩인다. 참석할 사람들 생각도 나고 이번 선정 책에 대해 어떤 얘기들이 오고 갈까 궁금해 결국 계속 가기로 한다. 간신히 시간 맞춰 도착한 장소에는 사람들이 이미 시작 준비를 하고 있었다. 기진맥진. 지친 몸을 의자에 앉히고 주섬주섬 책이며 펜을 꺼낸다.

늘 희한한 일이 생긴다. 힘들어하면서 왔는데 막상 토론을 시작하면 머리가 맑아지고 몸에 생생한 기운이 가득 퍼지며 날아가듯 가벼워진다. 힘들다고 투덜거렸던 것조차 거짓말 같아 머쓱해진다. 토론

후 참석자 한 사람이 아이한테 매이고 집과 사무실로 시계추처럼 왔다 갔다 하는 생활에서 이 모임은 정말 휴식 같은 모임이라 늘 고맙다고 수줍은 고백을 했다. 자신의 주변 사람들은 그가 책도 읽고 모임도 하며 자기 시간을 쓰는 모습을 정말 부러워한다는 말을 덧붙이는 그의 눈가에 촉촉함이 맺혔다 사라지는 것을 보았다. 책이란, 독서 모임이란 읽는 모임이고 읽어서 나누는 모임이다. 하지만 누군가에게는 더 나아가 힐링이 되고 삶의 에너지가 되기도 한다. 나에게 독서 모임이 그랬다.

아프고 무료한 시절. 뭔가 삶의 변화가 필요했다.

그냥 늘어져 사는 게 싫었고 뭔가 생산적인 일이 필요했다. 악기도 배워보고 외국어 학원도 다녀보고 주말에 여기저기 다녀보기도 했지만 채워지지 않는 빈자리가 있었다. 어느 날 문득 책 읽는 모임이 있으면 좋겠다는 생각을 했다. 그때는 왜 도서관에 그런 프로그램이 있다는 생각을 못 했는지, 도서관은 책을 빌리고 공부하는 곳이라는 고정관념이 있었나 보다. 그저 네이버에서 모임을 검색하는 정도의 노력을 했던 것 같다. 그때 내가 느꼈던 건 '50대 직장 다니는 아줌마가 낄 수 있는 곳이 없구나.'라는 거였다. 그나마의 모임은 동네 주민끼리 오전에 하는 모임이 다수였고 저녁 모임은 20, 30대 직장인들이 하는 모임이라 정말 마땅치가 않았다. 그러다 시간이 흘렀고

엄마는 오늘도 열심히 노는 중입니다

한참 후에 아주 우연히 한 독서 모임을 알게 되었다. 처음 참가한 독서 모임은 서너 명이 참여했는데 나중에 알고 보니 참여자들이 독서 토론과정 강사들이었다. 그러니 소수지만 풍성했던 첫 모임의 인상이 좋을 수밖에 없었다.

이후 독서토론 리더, 심화 과정과 서평 쓰기 수업 등을 거치며 독서의 폭이 넓고 깊어지기 시작했다. 워킹맘의 생활을 하면서 책을 놓고 산 지가 꽤 되었다. 어릴 때부터 독서광이었던 내게 책 읽기 모임은 불을 당겼고 그동안 못 읽었던 책들을 남들만큼은 읽어야겠다는 쓸데없는 오기가 발동했다. 스테디셀러 책을 검색하고 누군가가 추천하는 책을 정리해서 독서 리스트를 만들었다. 독서 다이어리가 따로 생겼고 일정표를 만들어가며 읽은 책들을 정리했다.

한 달에 서너 개의 모임을 했으니 지정도서만도 한 달에 일고여덟 권이 되었다. 다 읽고 논제를 만들고 서평까지 쓰려면 엄청 바쁘게 읽어내야 했다. 열 명이 모이면 열 권의 책을 읽고 나오는 것 같은 뿌듯함과 논제를 뽑기 위해 여기저기 띠지를 붙여대며 남들은 어떻게 생각할까 토론이 될까를 고민하는 것도 낯선 재미가 있었고, 책에 대한 생각과 느낌을 남에게 전달하는 서평은 정말 어렵지만 쓰고 난 후의 만족감은 최고였다. 평균적으로 논제는 재독, 서평은 삼독이 필요했는데 나중에는 그런 상황을 즐기게 되었으니 거의 중독 수준이었다. 독서토론 리더, 심화 과정을 모두 마치고 계속되던 모임들은 코로나 이후 줌으로 계속 이어지다가 최근에는 두세 개를 남겨놓고 정리하고 대신 글쓰기 모임을 하고 있으니 외려 더 바빠졌다.

한 모임에서 박경리의 《토지》를 함께 읽기를 제안했다. 1부를 읽고 원주 박경리 문학공원을, 2부를 읽고 하동 최참판댁을, 3부를 읽고 통영 박경리 문학관을 가서 참배하는 계획이었다. 나는 이미 여러 번 가본 곳이지만 같은 책을 함께 읽고 가서 얘기를 나누면 또 다른 느낌일 거라는 생각에 제안을 했다. 하지만 원거리, 교통편의 제약으로 인해 이 거대한 계획은 원주에서 멈춰버렸다.

1부를 읽고 원주에 갔을 때, 월선이 죽는 장면에서 서로들 펑펑 울었다는 얘기를 하며 다시 한번 소설 속 그 느낌에 빠져들었다. 얘기를 하면서 감정은 배가되었고 이런 대작을 쓴 박경리 작가에 대한 감탄과 감동, 특히 그의 수려하고 긴 호흡으로 쭉쭉 뻗어가는 문장력에 너도나도 필사를 하고 싶다고 한다. 이런 한국인 고유의 감성과 어휘를 어떻게 번역으로 전달할 수 있겠냐며 우리 문학에 대한 강한 자부심 얘기했다. 다들 하동을 가고 싶어 언제가나 기다리지만 거리가 너무 멀어 엄두가 안 나는 중이다.

통영에서 하는 교육에 참석해 수강생 대표로 박경리 선생이 묘소에 잔을 올리는 영광을 갖게 되었다. 얼마나 마음이 쿵쿵거리던지. 《토지》를 완독하고 다같이 왔으면 정말 좋았을텐데 진한 아쉬움이 몰려왔다.

원주역에서 내려 택시를 타고 박경리 문학공원을 가는 길이었다.

엄마는 오늘도 열심히 노는 중입니다

택시 기사분이 거기를 뭐 하러 가냐며 출렁다리가 명물이니 출렁다리나 보러 가라고 자꾸 권했다. 우리는 박경리 문학공원을 가려고 왔다고 하는데도 그분은 원주 부심인지 거기 뭐 볼 게 있냐며 우리를 답답해했다. 우리처럼 책 읽는 사람들이 아니면 멀리서부터 일부러 오기에는 좀 빈약하다고 생각했는지 아니면 본인이 이쪽에는 전혀 무관심한 건지 모르겠지만, 택시 기사를 보며 보는 관점과 생활에 따라 다른 거지라는 생각을 했다. "우리는 이게 좋아요." 우리끼리 마주 보고 웃었다.

《가재가 노래하는 곳》을 함께 읽다가 영화가 상영된다는 얘기를 듣고 토요일 아침 광화문에서 조조영화를 보고 다시 영화에 대해 애기했다. 책에 대한 호감이 컸던 만큼 영화가 기대에 미칠 리가 없었다. 책 속의 영상미가 화면으로 다 표현되기는 어려웠다, 습지에 꼬마 혼자 사는 집이 통베란다 집이라는 설정이 어색하다는 얘기부터 우리가 책을 읽어서 좋았던 건 어려운 여건 속에서도 멋지게 성장한 카야의 성장과 습지는 곧 카야라는 주인공과 자연이 일체된 모습이었는데 이 부분에 대해 전혀 건드리지 못하고 살인 사건의 실마리를 풀어가는 것으로 정리한 영화가 마냥 아쉽다며 가재가 가루가 되도록 많은 얘기를 쏟았다. 우리가 내린 그 날의 결론은 영화를 먼저 보고 책을 읽자는 거였다. 원작을 읽고 보는 영화는 아무래도 한계가 있다며 우리는 그렇게 헤어졌다.

비슷한 취미를 갖고 생각을 공유한다는 건 참 멋진 일이다. 그래서인지 만나면 가장 편한 모임이다. 직장이 어딘지, 결혼은 했는지, 아이는 있는지 이런 건 하나도 궁금하지도 중요하지도 않다. 알아서 말하면 듣고 아니면 알고 싶어 하지도 않는다. 이런 익명성이 편해서 하는 모임이기도 하다. 공통적인 화제, 책, 영화, 여행… 이것만으로도 할 말과 들을 얘기가 넘쳐난다.

독서 모임의 또 다른 매력은 시간을 알차게 쓴다는 뿌듯함이다. 오롯이 한 가지 공통된 주제를 가지고 두 시간을 함께하는 모임은 시간을 허비하지 않고 책을 통해 뭔가를 배우고 나누고 얻어가는 생산적인 느낌을 갖는데, 바로 뿌듯함이다. 이 뿌듯함에 중독이 되면 앉아서 피상적인 얘기로 시간이 가는 게 그렇게 아까울 수가 없다. '읽을 것도 많고 쓸 것도 많고 할 일이 정말 많은데…' 이런 생각이 들기 시작하면 앉아 있는 자리가 불편해지기 시작하고 다음부터는 그런 자리에 나가는 게 부담스러워진다. 책 모임의 후유증은 다른 모임에의 매력을 잃어 관계가 점점 소원해진다는 거다. 나뿐 아니라 책을 읽는 많은 사람들이 같은 경험을 한다. 그래서 채워지는 곳으로 발이 닿다 보니 독서 모임과 비슷한 결의 모임을 점점 늘려가게 된다.

'독서'라는 사소한 행위는 내 삶의 루틴과 만나는 대상을 바꾸었다. 마치 영화 〈쉘 위 댄스(shall we dance)〉에서의 춤이나 〈어나더 라운드(another round)〉의 술처럼, 나의 무료하고 밋밋한 일상에서 작게 시

엄마는 오늘도 열심히 노는 중입니다

작한 책 모임이 삶을 탄력 있고 살아있음을 느끼게 했다.

지금은 책에서 다시 영화로, 전시로, 여행으로

삶의 범위가 확장되며

살아가는 삶에서 사는 삶으로 바뀌었으니

책은 단순 독서를 넘어 내 삶의 전환점이기도 하다.

책을 읽다가
누군가가
생각이 난다면

좋은 것을 보고 나면 가만 있지를 못한다. 여기저기 누군가에게 추천하고 싶은 충동이 마구 든다. 좋은 책을 보거나 영화를 보았을 때가 가장 심한 것 같다. 특히 책을 읽다가 '앗, 너무 좋다!' 하는 생각이 들기 시작하면 이 책과 어울리는 사람을 생각한다. 그러다가 뜬금없이 책 선물을 할 때도 많고 만나면 책을 권하기도 한다. 특히 매일 보는 우리 직원들 중에 성향이 비슷해 보이는 사람들에게는 아직 반납 기간이 많이 남은 그림책이나 에세이 등을 돌려보기도 한다. 가끔 보면 직원들 책상 위에 책이 한두 권씩 놓여 있어 뿌듯할 때도 있다.

이번에 읽은 《긴긴밤》을 마음이 따듯한 M에게 읽어보라고 빌려주었다. 휴일인 어제 잠깐 사무실에 들렀더니 내 책상 위에 책과 다

엄마는 오늘도 열심히 노는 중입니다

크초콜릿이 놓여 있었다. 다크초콜릿의 넓은 등판에는 포스트잇이 붙어 있었다. '부장님, 《긴긴밤》은 정말 따뜻한 책인 것 같아요. 오랜 만에 마음의 기쁨을 느꼈습니다. 바쁜 일상 속에서 그동안 깨닫지 못 했던 것들을 다시 생각해보게 되었습니다. 많이 부족하지만 함께 나 누며 함께 갈 수 있도록 노력하겠습니다.' 예상치 못한 메모에 순간 울컥했다. 잠시 후 휴일임에도 초근을 한다며 들어온 직원은 책이 너 무 좋았다며 고맙다고 했다. 이 책을 읽는 동안 마음이 불편했던 동 료 생각을 많이 했다며 나이 차도 많은데 더 보듬어야겠다고 말하는 직원은 참 마음이 크다.

독실한 가톨릭 신자인 M은 짧은 메모에서도 거의 신심이 드러난 다. 평안과 나눔. 추천한 책을 예쁘게 읽어준 직원이 고맙다. 그 친구 는 '내가 얼마 만에 읽어보는 책인가. 나도 한때는 책을 참 좋아했는 데…'라는 생각에 한참 동안 자신을 되돌아보았다고 했다. 내가 다시 책을 잡을 때 느꼈던 만감의 교차를 그 친구도 똑같이 느꼈나 보다. 50대에 들어선 M은 내가 앓았던 50대 진입의 아픔을 똑같이 앓고 있었다. 직장에서 받았던 스트레스로 계속 병원을 다니고 있었고 하 나밖에 없는 아들을 기숙사에 보내고는 갑자기 생긴 넘쳐나는 시간 에 마음의 방황을 하던 터였다. "저도 부장님처럼 책도 다시 읽고 전 시도 다니고 해야겠어요."라며 M은 맑게 웃었다.

이후 〈웨스 앤더슨 전시〉도 〈에바 알머슨〉과 〈샤갈전〉도 추천해주는 대로 다녀와 너무 좋았다며 달뜬 관람평도 잊지 않는 M을 보며 덩달아 행복해진다. 〈에바 알머스〉 전은 아이들을 데려가도 좋겠다고 했더니 몇몇 직원들이 가족과 함께 다녀왔다. 직원들이 가족과도 동료와도 업무 외에 공유할 얘기가 생기는 부가적 효과가 있었다. 게다가 일상에서의 탈출, 기분 좋은 변화이지 않은가. 요즘은 티타임에 넷플릭스에서 본 영화 얘기를 가끔 한다. 휴대폰에 "제목이 뭐라고요?" 하며 열심히 메모하는 사람들이 고맙다.

출근길 지하철에서 황진희 작가의 《우리는 서로의 그림책입니다》를 읽으며 온 날이었다. 며칠 전 작가의 출간 기념 강의를 다녀온 터였다. 강의는 기대했던 것보다 훨씬 큰 에너지 파장을 느끼게 했고, 작가는 그림책과 아이들에 대한 애정이 넘치고 자신의 삶에 대한 열정이 가득한 분이었다. 책을 읽으며 그림책에 대한 향수가 모락모락 올라왔다. 수요일인 오늘은 30분 일찍 출근하는 날이다. 사무실에 들어서니 초등학교 졸업을 앞둔 엄마들이 학원이며 진학 얘기에 열을 올리고 있었다. 목동은 더하다며 얘기를 거들다 이 책을 들고 아직 초등학생 자녀를 둔 엄마들은 학원 정보보다 이 책부터 읽어보라며 지난 강연 때 들은 얘기와 오늘 읽은 얘기를 간추려 전했다. 직원들은 메모를 하고 검색을 하느라 말을 듣는 중간에 손이 바쁘다. 내가 다 읽었으니까 돌려서 보라고 하자 직원들은 "좋은 책은 사야죠."라고 대답을 한다. 여기 목록에 있는 책들을 같이 읽어볼까 하고 말을 건넸다. "이런 거 보면 내가 세일즈를 엄청 잘하나 봐?"

그렇게 다 같이 웃으며 일과를 시작하는 아침이다. 황진희 작가 덕에 기분 좋게 시작하는 하루다. 아무나 붙들고 이럴 수는 없는 법. 나의 책과 영화에 대한 오지랖은 독서 모임 멤버들을 만날 때 절정을 향한다. 이번에 이 책 읽었는데 정말 좋다며 호들갑을 떨고 상대가 추천하는 책을 받아 적고 온다.

다들 비슷한 성향인 사람끼리
그렇게 수다를 떨 때가 가장 신난다.
내가 좋은 걸 나누는 느낌이 좋고
그게 받아들여진다는 건 더 좋다.

이제는 책을 읽다가 '추천합니다'라며 책 사진을 올려주는 사람들이 있고 나 또한 이 책이 좋았다며 추천을 한다. 서로 읽어봐야겠다고 댓글을 달아주기도 하고 다음에 만나서는 그 책을 읽어보니 좋았다며 추천을 고마워하기도 한다. 책과 영화는 취향이다. 그래서 사실 추천하기가 조심스럽기도 하다. 하지만 이렇게 공감대를 형성하고 나누게 되는 기쁨이 있어 좋은 책을 보면 함께 나눌 그 누군가를 생각하게 되는 것 같다. 누군가 나에게 책을 추천할 때면 책을 읽다가 자연스레 내 생각이 난 거겠지. 그런 마음을 주고받음이 고맙다. 아

마 죽을 때까지 이렇게 살 것 같은 나는 책에 관한 한 자칭 프로 오지
라퍼다.

책을 읽다가 자연스레 누군가가 생각이 나면
추천하고 싶은 마음을 참을 수 없다.
마음을 주고받는 고마움을 너무나 잘 알기 때문에.

엄마는 오늘도 열심히 노는 중입니다

사골 국물 같은
깊은 맛을 지닌 고전

　30여 년 전 컴퓨터가 일반화되기 시작할 때 컴퓨터 프로그래밍에 도전한 일이 있었다. 정보처리 기사 1급을 따면 컴퓨터 박사가 되는 줄 알았다. 베이직과 포트란이 유행일 때 남보다 앞서보겠다며 코볼로 자격을 땄다. 하지만 자격 수첩을 받았을 때 코볼의 세상이 저물고 있었다. C언어와 자바가 등장했다. 바이러스 백신이 보급되어 화제가 된다 싶더니 날마다 업그레이드되어 프로그램은 익숙할 만하면 구버전이 되고, 구버전이 되어 기계치인 나는 자격만 따고 포기해버렸다.

　지식 시대의 의미를 넘어 우리는 지식 홍수로 인한 범람의 시대에 살고 있다. 날마다 쏟아지는 신지식과 제품 개발, SNS가 아니더라도 정보 더미 속에서 헉헉거리며 따라가려고 애를 써도 내가 아는 순간 이미 낡은 지식이다. 하지만 그 지식의 홍수 속에서 지쳐갈 무렵 깨

닿는 진리가 있다. 사람은 변하지 않더라. 옛사람이나 지금 사람이나 고민하는 내용은 똑같더라. 세상이 바뀌어도 사람의 기본 성정은 변하지 않더라.

　한동안 신간에 목을 맬 때가 있었다. 서점을 가면 신간 코너와 베스트셀러 코너를 기웃거리며 이중 내가 읽은 건 몇 권, 읽고 싶은 건 어느 것…, 목록만 보고도 지식이 충전되는 희열을 느낀 적도 있었다. 하지만 지금은 금방 잊혀가는 신간보다는 점점 고전에 목이 말라간다. 200년 전 작가가 쓴 글을 쓸 당시 상황과 고민하는 내용이 21세기 지금에 와서도 그리 다르지 않다. 지평융합이라 했던가. 시공을 초월해서 글에서 비슷한 상황을 마주하고 공감을 나누는 것… 바로 고전이다.

　고전 읽기를 처음 시작할 때는 어릴 적 읽었던 고전을 40년이 지난 지금 다시 읽는 느낌은 어떨까, 하는 단순한 호기심에서 시작되었지만 《데미안》을 읽으면서 그사이 축적된 나의 시간과 경험으로 받아들이는 각도와 의미가 완연히 달라지고 깊어졌음을 깨달았다. 순전히 세월의 힘이다. 그리고 작가와 비슷한 연배가 되어 읽는 것도 또다른 시각을 느끼게 했다.

　껍처럼 읽고 버리는 책 말고 침처럼 씹어내는 책, 읽고 버리는 책 말고 읽은 책을 만나고 싶었다. 읽고 버리는 것과 읽은 것의 차이는 생각의 차이이다. 즉 읽고 버리는 것은 아는 것이라면 읽은 것을 알고 생각하는 것이다. 생각하므로 존재한다는 베이컨의 말이 아니더라도 인간은 사유가 있어 사는 것이다. 생쥐 프레드릭이 힘이나 먹이가 아닌, 사유로 무리의 리더가 되듯이 사람은 빵만으로는 살 수 없는 존재이다. 고전을 읽는 시간이 쌓여갈수록 사고와 이해, 공감의 폭이 커지는 것을 느낀다.

나는 고전을 사골 국물 같다고 말한다.

오래도록 배가 든든하고 먹을수록 맛이 깊은 사골. 상큼하고 개운한 첫맛이 아니라 깊게 골수록 깊은 맛을 우려내는 질리지 않는 맛을 고전은 지녔다. 고전 읽기 모임에 참여한 지 7년이 된다. 그럼에도 도입은 늘 어렵고 두꺼운 책은 여전히 버겁다. 어떤 책(특히 러시아 작가)은 등장인물을 적어놓고 보아가며 읽든지 아니면 가계도와 인물관계도를 그려가며 읽어야 하는 경우도 많다.《백 년 동안의 고독》처럼 같은 이름이 여러 시대에 걸쳐 반복되거나 도스토옙스키의 책처럼 애칭, 약칭, 읽기도 긴 정식 명칭 등이 모두 등장하면 혼란스럽기 때문이다. 고전은 여럿이 함께 읽기를 추천한다. 공감의 폭과 정도, 인물을 보는 시각이 읽는 이의 경험과 맞대어 다양한 시각과 해석으로 혼자 읽을 때와는 비교가 안 될 만큼 책에서 우러나는 깊은 맛을 느끼게 된다. 어렵게 읽거나 혼자서 끙끙거리며 읽었던 부분이 함께 나눈 사람들로 인해 어느 정도 해소가 되기도 하고 정말 좋았던 부분을 함께 나누면 맞장구에 신이 나기도 해 토론을 마치고도 할 얘기가 많아 진다.

고전을 읽으며 가장 큰 깨달음은 사람은 참 평범하다는 거다. 내가 하는 고민은 200년 전에도 누군가가 하고 있었고 지금 하는 생각을 그 오래전에도 동일하게 하고 있었다는 게 참 놀랍다. 줄리언 반스는 '역사는 생양파 샌드위치 같아서 이제껏 역사가 트림하는 것을 보고 또 보았고 올해도 또 보고 있으며 폭정과 폭동, 전쟁과 평화, 번영과 빈곤 사이를 오가는 천편일률적인 이야기'라고 한다. 참 적절한 표현이다. 어쩌면 문명의 진화와는 별개로 사람의 본성은 그대로 유전되는 게 아닐까. 신석기 시대나 지금이나 권력, 탐욕, 사랑과 질투는 변하지 않는 성정이고 그래서 몇백 년 전 고전이나 요즘의 책이나 주제는 늘 비슷한 게 아닌가 싶다.

대가의 작품일수록 인간의 심리를 적나라하게 묘사하는데 그런 주인공의 모습에서 나를 발견하고 대입하게 된다. 다들 비슷하구나. 이제 나이가 들다 보니 사람이란 다 비슷비슷한 루틴으로 나이가 든다는 생각이 든다. 딱히 잘날 것도 특별하게 처질 것도 없이 다들 고만고만하게 사는 거구나. 점점 '평범'이란 단어에 위대함을 담는다. 그래서 카렐 차페크는 자신의 이야기로 《평범한 인생》을 멋지게 써냈나 보다.

고전을 읽으며 나만 그런 게 아니었다는 위로를 얻고 그럴 수밖

엄마는 오늘도 열심히 노는 중입니다

에 없는 주인공을 보며 남을 이해하게 된다. 그래서인지 이제는 서운한 일이 생겨도 전처럼 밉거나 흥분하거나 하지 않고 그 입장에선 그럴 수 있지 하며 나를 다독이게 된다. 아직 먼 길이긴 하지만 이만큼의 변화도 책을 통한 변화임은 확실하다. 대부분의 책이 그렇지만 특히 고전은 이렇게 사람을 성장시키는 힘이 있다.

오십이 훌쩍 넘어 살아온 세월이 쌓여도
고전을 읽으며 조금씩 더 성장해간다.
사람은 그렇게 계속 읽고 배우며 익어가는 거다.

위로와 치유가 되는
글쓰기

　아니 에르노의 《한 여자》는 엄마가 돌아가시고 3주가 되었을 무렵 한 여자로서의 엄마를 기억하며 그의 일생과 추억을 적은 글이다. 그는 엄마를 글로 기억하고 남기고자 했다. 애도로 시작된 글은 다시 엄마와의 연결고리가 되어 엄마에 대한 사랑을 재확인하고 마음속에서 엄마와 함께 사는 계기가 되었다. 책은 요양원에서 부고를 받은 때부터 매장하고 장례를 치르는 과정까지 사실 그대로를 담담히 적었다. 나는 이런 아니 에르노의 글을 좋아한다. 그가 노벨문학상을 수상했다고 할 때 열렬한 환호를 질렀다. 그의 글은 간결하고 고급지다. 남에게 툭 던지는 듯 자신의 이야기를 하는 시크함이 좋다.

　하지만 그보다 더 좋은 이유는 지독히 타인화된 자신을 대하는 자세다. 건조하다 싶게 감정을 쏙 거른 채 너무나 객관적인 그의 글은 마치 하늘에서 자신을 내려다보듯 속속들이 그녀의 속살들을 거침없이 드러낸다. 그런 당당함이 멋지다. 그의 글은 당황스럽기도 하다. 낙태의 경험이, 가정 있는 사람과의 사랑과 욕망이, 엄마의 죽음을 맞는 상황이 모두 글이 된다. 누군가에게는 감추고 싶은 일들에 대해 그는 솔직하게 직면한다. 자신의 내면 깊숙한 곳을 마치 남의 일처럼 객관적으로 대면하는 그는 유리알처럼 투명하고 빛나게 자신의 감정을 있는 그대로 그려낸다. 이런 아니 에르노의 필력은 전문 필사의 욕구를 불러일으킨다. 그에게 글이란 삶의 투영이고 자신을 들여다보고 드러내는 일이다.

글이란 비단 그에게만 그런 역할을 하겠는가. 필력과 사유의 깊이 차이를 제외한다면, 글이란 우리 모두에게 그런 역할을 하는 게 아닐까. 이는 초등학생에게도 70세 어르신에게도 마찬가지의 일이다. 글이란 나를 마주 보고 나를 드러내는 일이다. 특히 일기는 누군가에게 보여주기 싫은 민낯이라 오랜 세월이 지나 읽어보면 창피하기도 하고 우습기도 하다. 가끔은 꽤 잘 썼는데 하며 우쭐거리기도 하고 잔망스러움에 머리를 긁적이기도 한다. 어려서 숙제로 쓰는 일기는 버겁고 싫었지만, 그런 교육의 효과인지 언젠가부터 굳이 매일 쓰진 않더라도 심신이 고달프거나 마음이 헛헛하거나 사람에게 지칠 때 나도 모르게 *끄적끄적* 일기를 쓰게 된다.

그런 이유는 뭘까. 내밀한 얘기를 누군가에게 하고 싶지만 미처 할 수 없는 얘기들을 독백처럼 꺼내놓는 거다. 내가 화자이자 수자가 된다. 그렇게 드러내어 말하고 듣다 보면 저절로 생각이 정리되어 스스로 헤쳐나갈 힘을 얻기도 하고 용기를 내보기도 한다. 글은 그렇게 치유하는 능력을 지녔다. 그래서일까. 마음이 심란할 때면 나도 모르게 끄적끄적 적게 된다. 적다 보면 가끔은 지금 내가 힘든 이유가 참 하잘 것 없다는 생각에 피식 웃으며 덮을 때도 있다. 그렇게 글쓰기는 사람을 치유하고 단단하게 만든다.

> "뭘 쓴다는 것은 살아온 날을 돌이켜볼 수 있게 해준다.
> 어떤 사람에 대한 생각, 감정, 어떤 순간을 문장으로 표현하면
> 조금 더 그게 선명해 보이고 정리되고 객관적으로 보게 만든다."
>
> – 성석제, 〈투명인간〉 중에서

글 쓰는 데도 용기가 필요하다. 생활을 과감히 정리하는 용기. 솔직함을 드러내는 용기, 주변 시선을 의식하지 않는 용기, 스스로의 민낯에 당당할 용기, 부러움을 시샘으로 돌리지 말고 쿨하게 인정하는 용기… 나는 내 마음속에서 일어나는 크고 작은 감정들을 드러내기 위해 글을 쓴다. 그리고 머릿속에 벌어지는 너무나 많은 생각과 상황을 단순화하기 위해 글을 쓴다. 번잡한 일과 생각들이 글을 쓰면서 정리가 되고 방향이 잡힌다.

내게 글은 생각이고 위로이다.

엄마는 오늘도 열심히 노는 중입니다

섭섭할 때, 지칠 때, 힘들 때 글을 쓰면 위로가 된다.

쓰기는 치유이고 힐링이다.

내 안의 번잡스러움에서의 해방. 쏟아냄. 이후의 자유로움이 글쓰기를 하는 이유다. 너무 좋아도 쏟아내고 속상해도 쏟아낸다. 책을 읽고 너무 좋아도, 영화를 보고 너무 신나도, 여행을 다녀와도 쏟아낸다. 글은 내게 수다이다. 남에게 말하기 어려운 감정들을 글로 푼다. 자판으로 수다를 떨면서 감정을 털어내면 다시 기운을 얻는다. 나이를 먹을수록 친구가 줄고 주변에 사람이 적어진다. 세월을 많이 살면 그만큼 스쳐 지나간 사람이 늘어 사람이 많아야 하는데 점점 더 줄어간다. 피곤함도 싫고 전에는 불편해도 서로에게 맞춰서 했던 일들이 이젠 신경 쓰는 자체가 귀찮아져 굳이 맞추고자 하는 생각이 줄어드는 까닭이다.

그런 면에서 글쓰기는 변하지 않는 친구이다. 동화에 나오는 대나무숲처럼 어디엔가 외쳐서 풀어내는 것. 내게 글쓰기는 그렇다. 책, 전시, 영화를 보고 너무 좋아서 떠들고 싶어도 취미와 취향이 맞아야 하는데 그게 쉽지가 않다. 그냥 잘난 척으로 마무리되는 듯해서 뒤에 가서는 쭈뼛쭈뼛 어색해짐이 생길 때도 간혹 있다. 내가 힘들고 짜증 날 때 상대는 감정의 쓰레기통이 되어 같이 지쳐감이 역력하다. 하지만 글은 길거나 짧거나 내가 어떤 소리를 하던 어떤 생각을 하던 다 들어준다. 이건 옳지 않아, 아 상대도 이랬겠구나, 스스로 반성하고 자정하게도 하고 그렇게 치유책을 얻어가며 성장하게 한다. 나를 들여다보는, 나와의 대화. 그게 글쓰기다.

최고의 독자는 바로 나다.
쏟아냄은 치유다.
글은 그렇게 나를 치유하고 건강하게 만든다.
글쓰기의 매력은 이런 게 아닐까.

하루도
나를 잊지 않고
사는 법

휴대폰이 3년 전 오늘이라며 사진을 보내왔다. 가끔 휴대폰의 이런 서비스가 소소한 행복을 느끼게 한다. 사람의 감성까지 자극하니 휴대폰이 참 똑똑해졌다. 이렇게 사진을 받은 날이면 그날의 기억들과 함께 잊었던 사람들이 궁금해서 같이 했던 사람들에게 사진을 공유하며 말을 걸어본다. 사진을 받은 사람들의 대부분의 반응은 "어머나!"이다. "벌써 그렇게 되었군요."라며 다른 공간에서 짓고 있을 흐뭇하고 아련한 미소가 톡방에서도 전달이 된다.

오늘 올라온 사진은 3년 전 오늘이라며 독서토론 후 막걸리 파티를 했던 사진이었다. 같이 했던 사람들은 "벌써 3년이 지났어요?" 하며 그날의 추억을 떠올리고 그때 막걸리가 정말 맛있었다는 말을 빼지 않는다. 그날은 《보바리 부인》을 토론하고 처음이자 마지막으로 막걸리 파티를 한 날이었다. 토론자 중 한 분이 특별히 서촌에서 공수해온 울산 먹걸리에 고디바 초콜릿을 안주로 한 특별한 경험이었다. 보바리 부인을 요부로만 인식하는 심히 남성 본위의 시각에 분노(?)하며 열띤 토론을 하고 마시는 막걸리는 정말 좋았다. 지금은 책의 내용은 많이 휘발됐지만 막걸리는 기억을 하고 있으니 역시 이벤트의 힘은 강하다.

나에겐 가장 소중한 보물 두 개가 있다. 하나는 컴퓨터 카페이고 다른 하나는 5년 다이어리다. 카페는 나 혼자 노는 방이다. 2018년 독서 모임을 시작하면서 시작한 발췌와 단상을 모아놓았는데 이제는 꽤 많은 양이 쌓였다. 책을 아무리 좋게 읽어도 덮고 나서 금방 휘발되는 게 싫어 시작한 발췌 모음은 꽤 유용하다. 글을 쓸 때 자료가 되기도 하고 독서 모임에서 그 책이 선정되면 참고가 되기도 하는데 특히 재독의 단상과 초독의 단상이 차이가 클 때 희열을 느낀다.

처음에는 발췌와 단상으로 시작하다 지금은 글쓰기와 전시, 영화, 여행 후기 등 점점 영역이 넓어지고 있다. 벌써 3년이나 된 기억을 소환해준 기특한 휴대폰 덕에 또 추억을 나누고 그때 그 사람들을 그리워하듯 나의 5년 다이어리도 그렇다. 한 페이지에 5년간의 같은 날을 기록하게 되어 있는 다이어리는 오늘을 기록하려면 작년의 오늘이 눈에 들어와 같이 했던 사람이 문득 궁금해 전화를 하게 된다. "작년 오늘 우리 만났었네. 어떻게 지내요?" 통화 속 상대는 어떻게 그런 걸 기억하냐며 함께 아스라한 추억을 얘기한다. 기록은 이렇게 사람의 끈을 이어가게 한다. 누군가의 기억 속에서 지워지지 않고 되살아나는 것은 참 감사한 일이다.

잊히지 않고 기억되는 사람, 그 매개가 기록이다.

김신지 작가의 《기록하기로 했습니다》를 읽다가 작가를 따라 하기 시작했는데 어느새 다이어리는 든든한 소장품이 되었다. 오래전부터 다이어리를 쓰는 게 취미였다. 정확히 말하면 다이어리라기보다는 일정표 작성이다. 참여하는 독서 프로그램이 많다 보니 책을 읽어야 할 순서를 정해야 했고 중간중간에 내가 필요한 책까지 읽으려면 스케줄표가 절대적으로 필요했다. 게다가 최근에 늘어난 영화와 전시 관람 스케줄까지 잡으려면 스케줄표는 꼭 필요하고 수시로 업데이트를 해야 했다. 읽을 책의 순서가 정해지면 사야 할 책과 빌려야 할 책을 구분하고 도서관에 상호대차 신청을 해야 할 날짜를 정한다. 이게 뭐라고 이렇게 정성인지. 희한한 건 이 별것 아닌 일이 하기도 전에 스케줄만 정리를 해도 가슴이 꽉 차오르는 희열을 느낀다는 거다. 뭔가 열심히 하고 있고 바쁘게 할 일이 있다는 것이 내가 살아있음을 느끼게 한다. 아주 소소한 행복이다.

이제는 단순 스케줄표에서 나아가 기록을 하고 그것도 5년간의 묶음이니 쳐다만 봐도 든든한, 내가 살아온 역사이다. 뭔가를 기록한다는 건 삶의 서사를 엮어낸다는 말이다. 사이토 다카시가 기록의 편린을 모아 자서전을 쓰게 하듯이 지나온 기억들은 나를 다시 돌아보게 한다. 해가 뜨면 새롭게 시작되고 자정이 되면 사라지는 오늘이라는 시간은 우리가 삶으로부터 받는 가장 큰 선물이며 현재의 또 다른 말이 선물임을 기억한다면 그에 대한 기록은 당연을 떠나 내 삶에 대한 예의일 수도 있지 않을까.

어제는 《기록하기로 했습니다》의 저자 김신지의 특강이 있었다. 올해 읽은 첫 책이었다. 책을 읽고 다이어리를 주문해 나도 쓰고 선물도 하고 직원들에게 책을 소개해 돌려보기도 했던 터라 특강 소식을 접하자마자 초고속으로 수강신청을 했다. 강의는 책에 있던 얘기를 그대로 풀어내어 책에 대한 기억이 새록새록 떠올랐다. 기록이란 과거의 나와 미래의 나, 2인조의 만남이라는 저자의 말이 가슴에 꽂혔다. 몇 년 후 과거의 나를 마주할 만남의 자리가 다이어리라고 생각하니 더욱 소중해진다.

기록은 추억의 서랍장 같은 것. 누군가와 어디를 가거나 책이나 영화를 보거나 하는 특별한 일이 있지 않은 날은 다이어리를 쓰기가 쉽지 않다는 질문을 했다. 이 질문에 대해 저자는 식단 일지, 운동 일지, 심지어는 같은 장소에서 매일 찍는 구름 사진까지 이야기가 된다며 자신의 사례와 함께 작다고 놓치지 말고 기록을 하다 보면 사물을 곱게 보는 시선이 길러진다고 답했다. 어떤 기록을 시작하든 "시

엄마는 오늘도 열심히 노는 중입니다

간이 쌓인 기록은 그게 무엇이든 귀해질 수밖에 없습니다. 삶이란 건 원래 한 사람에게만 일어나는 이야기니까요. 무엇이든 기록해보세요. 매일 기록하는 사람은 하루도 자신을 잊지 않습니다. 그건 곧 하루도 자신을 잃어버리지 않는다는 말과 같아요."라는 저자의 말이 귀에 쟁쟁하다.

"무엇이든 기록해보세요.
매일 기록하는 사람은 하루도 자신을 잊지 않습니다."

그리울 때
편지를 쓴다

글은 그리움이다.

오래전에 떠난 이들이 그리울 때 편지를 쓴다.

　40대에 심장마비로 먼저 간 미영이. 대학 졸업 후 교통사고로 먼저 간 은정이, 산행에서 추락사한 지숙이, 대학 때 같이 야학을 하며 변해가는 야학을 통탄하며 함께 술 먹고 헤어진 날 화재로 사망한 찬용이, 명퇴 후 멸치볶음을 들고 집에 오겠다고 한 뒤 한 달도 안 돼서 떠나간 경이언니… 내겐 몇 안 되던 절친들이 먼저 가고 나는 늘 쓸쓸함을 안고 산다. 언뜻언뜻 그립다. 하늘이 파래도 이들이 그립고, 산곡동을 지날 때면 미영이가 그립고, 은행잎이 노랗게 떨어진 날이면 황금빛 용주사에서 목탁소리와 사르락사르락 옷자락 스치는 소리와 함께 간 은정이가 너무 그립다. 벌써 삼십 년이 넘었네… 10월 하

엄마는 오늘도 열심히 노는 중입니다

순이니 딱 요맘때다.

유난히 잘 어울렸던 빨간색 아놀드파마 브이넥 티에 쇼퍼 백을 메고 배시시 웃던 은정이가 보고 싶다. 은정이는 수원에, 나는 인천에 살아서 가끔은 수업을 빼고 수원 원천유원지와 인천 월미도 카페에 가서 앉아 있기도 했다. 은정이가 가고 30년이 훌쩍 넘어 지난달에야 수원 화성을 다녀왔다. 내게 은정이라는 이름과 수원은 자체 금지였고 금지구역이었다. 나이를 먹을수록 이들 생각이 많이 난다. 젊을 때는 은정이 이름을 부르지를 못했다. 가슴이 미어져서…

어느 날 마음에서 그를 하늘로 보내며 불러보았다. 은정아… 얼마 전 은정이와 갔던 수원 남문을 남편과 함께 갔다. 수원화성을 한 바퀴 돌면서 정말 오랜만에 은정이 이름을 불러보았다. 잘 있는 거지. 나는 아직 미영이는 보내지 못한다. 아직 캐나다에 있는 거야… 못 오고 있는 거야… 우리 아들이 초3일 때 미영이는 내 아이의 홈스테이를 자기 집에서 하자며 캐나다로 떠났는데 가자마자 잘못되었다는 소식을 그가 가고 2년 후에야 들었다. 그리고 지금 우리 아이는 성인이 되었다. 시간은 그렇게 흘러가는데 그리움은 점점 밑으로 가라앉는다.

최은영의 《밝은 밤》을 읽다가 문득 이들이 떠올랐다. 작품 속 주인공은 남편을 그리며 연필로 어설프게 스케치한 20대 새비 아줌마의 그림을 보며 그림 속에 살아있는 새비 아저씨를 바라본다. 4대가

민대희, 〈그리움〉

흘러 100년 지난 주인공 증손녀의 눈에 그는 20대 젊은 남자다. 그는 죽고 나서 태어난 누군가에게 이렇게 기억되고 있었다.

어떤 화가는 사라지는 것들을
기억하기 위해서 그림을 그린다.

너무 소중해서 그것들이 사라지기 전에 그림으로 담아내고 싶어한다. 그렇게 그림은, 사진은, 글은 그리움을 담는다. 그리고 소중한 것들과 그리운 이들은 그 속에서 그 모습 그대로 살아있다. 그게 예술의 힘이고 내겐 예술까진 아니어도 글로 담아내는 그리움이다. 아주

엄마는 오늘도 열심히 노는 중입니다

가끔 편지를 쓴다. 그 속에서 그들은 여전히 학생이다. 시인 윤동주가 몇십 년이 흘러도 학사모를 쓴 앳된 청년으로 기억되듯이 나의 기억과 글 속에서 그들은 여전히 고등학생이고 대학생이고 새댁이다.

밖에 햇살이 좋다.
거기도 햇살이 좋지?
다들 잘 지내자…

나는 얼마나
간절한 걸까

파리 퐁네프 다리의 난간이 연인들이 걸어놓은 자물쇠의 무게로 철거되는 일이 있었다고 한다. 그 사랑이 얼마나 이루어졌는지는 알 수가 없으나 자물쇠를 거는 커플 중에는 간절함이 가득했던 사람들이 꽤 있지 않았을까. 무언가를 소망하고 정성을 쏟는다는 건 간절함의 크기에 달렸다는 것은 2014년도에 승진시험에 실패했을 때 깨달은 진리였다. 그때 난 간절함에서 졌다. 남들보다 간절함이 덜했고 그래서 투자 시간도, 그나마 쏟은 시간의 질도 남들보다 좋지 않았다. 시험에 실패하고 마지막 기회가 왔을 때 눈물이 절절 흐르도록 간절했다.

우연히 찾은 동네 교회에 대학부를 같이 보낸 선배가 목회를 하고 있었다. 어느 날 선배와 절친이었던 다른 선배가 예배를 참석해 인사를 했다. 해외에서 잠시 다니러 온 선배가 어떻게 지내냐고 묻는데

엄마는 오늘도 열심히 노는 중입니다

몸도 마음도 너무 바닥이었던 때라 갑자기 눈물이 났다. 옆에 있던 선배의 와이프는 싱가포르 분이었는데 눈이 동그래져서 내가 왜 우는 거냐고 선배에게 물었다. 이유를 모르기는 선배도 마찬가지였을 텐데 선배는 아마 힘든 일이 있는 모양이라고 얼버무리는 듯했다. 그냥 힘들었다. 그렇게 간절함이 커졌을 때 내게 합격이 다가왔다. 그 이후로 승진을 준비하는 후배들을 보면 간절함의 크기라는 말을 한다. 경험하지 못하면 이해가 안 될 말인 줄 알면서도 기어이 툭 한마디 던지고야 만다.

그 간절함의 크기를 요즘 경험하는 중이다. 보기보다 나는 전투력 제로인 사람이다. 아니면 말고, 뭘 그렇게까지 해. 욕심 많고 다부지게 생겨서 속은 허당이라 손해 보는 일이 많다. 지금 전투력 소진으로 고전하고 있는 건 글쓰기다. 현직에서 꼭 한 권 책을 내고 싶다는 생각은 꽤 오래전부터 해온 일인데 뭉그적거리다가 시작이 너무 오래 걸렸다. 막상 써보려고 하니 감정이 롤러코스터를 탄다. 될 것도 같다가 이걸 왜 하나 후회도 하며 하루에도 열두 번 널뛰는 내 머릿속 롤러코스터에 나도 슬슬 멀미가 시작되고 있다. 가족들과 하루키 투어를 갔을 때였다. 무라카미 하루키가 살던 곳과 그의 소설에 등장하는 장소를 찾아가는 여행이었다.

하루키가 살았던 동네에 있는 신사에 갔을 때였다. 현지 가이드는 하루키가 첫 책이 나오고 여기에서 봉헌을 했다고 설명했다. 그곳을 떠날 때쯤 나보다 대여섯 살은 많아 보이는 일행이 옆에 서 있던 가이드에게 뛰어왔다. 하루키가 여기서 봉헌하고 잘되었다는데 자기 책이 잘되도록 봉헌을 하고 싶다고 했다.

아! 간절함의 크기 차이였다.
저분은 나보다 훨씬 간절함이 크구나.

저런 마음으로 책을 준비해야 하는데 나처럼 '아니면 말고' 하는 사람과는 결과가 엄청 다르겠구나. 돌아오는 비행기에서 간절함에 대한 생각이 많아졌다. 좀 더 간절해야 하는데, 이래선 안 되는데…. 마음을 다스리기 전에 생활부터 정리해야 한다는 생각이 문득 든다. 토니 모리슨이나 하루키처럼 루틴이 필요한데 이렇게 여행을 한 번씩 다녀오면 그나마 자리 잡아가던 루틴이 깨져 복귀하는 데 시간이 좀 걸린다. 더욱이 지금은 연말이라 사무실이 정말 바쁘고 어수선하고 여기저기서 회의에 참석하라고 하고 연말 모임까지 온통 부산스럽다. 생활의 정리. 시간의 밀도. 지금은 그게 가장 먼저가 아닌가 싶다. 간절함이 커지면 자동으로 우선순위가 매겨질 터이다.

휴대폰을 뒤적이다 아들에게 내가 쓴 글을 하나 보여주었다. 처음 보는 엄마의 글을 읽은 아들은 눈이 동그래져서 "엄마 잘 쓴다."를 연발했다. 나이가 환갑이 다 되어가도 칭찬에는 약하기 마련인지 아

엄마는 오늘도 열심히 노는 중입니다

이가 하는 말에 공연히 어깨가 올라간다. "엄마 글 써도 되겠니?" 아이는 그렇다며 끄덕였다. 어제 아이와 마주 앉아 과일을 먹다가 "엄마가 현직에 있을 때 책을 한 권 내고 싶은 소망이 있는데 어떻게 생각해?" 물었더니 도전해보라고 했다. "근데 주제가 어려워. 뭘 써야할지 모르겠어."

아이는 엄마가 살아온 생활에 대해 써야겠지 않겠냐며 엄마 인생에서 가장 화려했던 때가 언제냐고 물었다. 예기치 못한 질문에 순간 당황했다. 내가 가장 화려했던 때는 언제일까, 한 번도 생각해보지 못했던 것 같다. "네가 보기엔 어때?" "난 어리고 그동안 학교와 학원 다니느라 잘 모르지. 그건 엄마 자신이 가장 잘 알지 않을까?" 난 지금이라고 대답했다. 그리고 이어지는 글에 대한 대화. 아이가 이렇게 명쾌하게 정리를 해줄 줄이야.

글쓰기가 점점 무거워지고 있다. 처음엔 즐기는 일이었는데 시간이 가고 해가 바뀌는 세모 밑에 슬금슬금 부담과 무게감이 커져간다. 나는 왜 쓰려고 하는 걸까, 자문을 해본다. 글쓰기가 즐거워서일까. 퇴직 전 한 단락 정리를 하고 싶은 걸까. 제2의 인생을 꿈꾸는 걸까, 아니면 남들이 하는 대로 나도 해보고 싶은 걸까, 글 쓰는 사람이 되어보고 싶은 걸까. 처음에는 순수하게 글을 쓰는 재미라고 시작했지만 사람의 욕망이란 다 그런 건지 모든 게 엉켜 있는 느낌이다. 그럼에도 확실한 건 나는 글을 써야 해소가 되는 사람이라는 거다.

작년은 365일 글쓰기에 도전한 해였다. 365일을 다 채우지는 못했지만 360일 이상은 채운 것 같다. 올해는 지인들과 365일 글쓰기에 도전 중이다. 이번엔 내가 주가 되어 진행을 하는데 한 달씩 끊어서 열두 달 완주를 목표로 한다. 얼마 전 멤버 중 한 사람은 통 크게 토지 전집을 사놓고 같이 읽고 단상 쓰기를 제안했다. 동참한다며 자기도 전집을 샀다는 사람도 있었다. 이런 으샤으샤 하는 분위기는 나비효과가 되어 글쓰기 모임이 점점 범위가 커져 갔다.

우리들 모임은 늪이다. 발을 디딜수록 점점 깊이 들어가서 빠져나올 수가 없는, 즐거워서 들어가는 늪이다. 53세 영국 남성이 365일 마라톤에 성공해 기부를 한 기사가 보도되었다. 남을 위한 기부로 선한 영향력을 끼치려는 기부에 대한 간절함이 그를 성공으로 이끌었을 것이다. 그러나 나는 무엇보다 고독한 자신과의 싸움에서 승리한 그의 투지가 부러웠다. 아들의 묵직한 한 방의 응원에 기운을 얻어볼까.

나는 얼마나 간절한 걸까.
내 간절함의 크기를 재어보며
그 간절함의 끝자락에 내 마음의 끈을 꽁꽁 매어본다.

엄마는 오늘도 열심히 노는 중입니다

질리지만 않는다면
꾸준히 써보는 거야

　요 며칠 사이에 난 내가 '금사빠'형임을 깨달았다. 제주에서 2박 3일 갤러리 투어 후 제주앓이에서 아직 완치되기 전, 100일 글쓰기가 끝나는 날이라는데 왜 이리 허전한지 모르겠다. 아침에 출근하면서 글감을 생각하고 자리에 앉아서 글을 쓰면서 하루를 시작했다. 이상한 건 그 시간을 놓치고 난 날은 글이 안 써진다는 거다. 그래서 듬성듬성 빼먹고 주말에는 식구들과 북적이면서 내 시간을 만들기가 쉽지 않아 영락없이 밀리고 만다. 누가 귀찮게 하는 것도 아닌데 분심(分心)이 일어나서일까. 그래도 틈틈이 메우기는 했는데 제주 여행을 빌미로 한 열흘은 공연히 '배 째라' 하는 일탈욕구가 생겼다. 쓸데없는 오기(?)로 그 기간을 보충하느라 최근 얼마 동안은 바빴던 것 같다.

　한 심리학자는 창의성의 조건으로 민감성을 꼽았다. 민감성이란

147

사람과 사물에 예민한 능력을 말한다. 누군가의 헤어스타일이 변해도 빨리 알아보는 능력, 사물의 위치가 바뀌어도 금방 변화를 느끼는 감각, 주변의 꽃이나 돌멩이 같은 사소한 것에도 의미를 찾는 태도 등을 뭉뚱그려 민감성이라 한다.

글쓰기를 하면서 이런 민감성 훈련을 했다. 나는 비교적 사소한 변화를 빨리 느끼는 타입인데 그 느낌을 흘리지 않고 그대로 글로 옮기려는 100일이었다. 민감성 훈련을 하다 보니 세상의 작은 것들에 관심을 갖고 소중히 여기게 된다. 평소 책, 그림, 영화를 보고 나면 감흥을 남기려고 하는 편인데 100일 글쓰기를 하면서 좀 더 구체화된 듯하다. 이번 100일 글쓰기를 시작할 때는 나무들이 앙상하게 추위에 떨고 있었고 나지막하게 내려앉은 하늘, 추위 속에 웅크리고 걷는 사람들, 짧은 해에 저녁이 빨리 오는 때였다. 지금 보이는 창밖은 온통 연둣빛이다. 어느새 저렇게 풍성한 잎을 만들어냈을까. 100일간 나무들이 추위에 견디며 지금의 풍성한 자태를 만들어내듯 우리모두는 그렇게 100일의 결실을 얻는다.

잘 쓰고 못 쓰는 건 그리 중요하지 않다.
꾸준히 썼다는 것, 그리고 쓰기 위해 글감을 찾고
사유를 한다는 것. 그것이 성장임을 알기에
이렇게 뿌듯하고 스스로 대견해하는지도 모른다.

엄마는 오늘도 열심히 노는 중입니다

100일은 곰이 사람이 되는 기간이 아닌가. 사실 100일 글쓰기가 처음은 아니다. 그럼에도 전에 글쓰기를 했던 것을 꺼내 보며 조금은 성장했다는 생각을 해본다. 그렇게 조금씩 성장하는 것. 그게 이런 프로젝트에 참여하는 이유가 아닐까. 꾸준하게 쓰는 동료들을 보며 그들의 성실함에 감탄하고 살아가는 모습들에서 또 자극을 받는다. 성실하게 최선을 다하는 모습이 좋다. 그리고 남의 글에 공감하며 댓글로 응원하시는 분들의 따뜻함과 마음의 여유로움에 늘 감사했다.

댓글을 남긴다는 건 마음에 여유가 있는 사람만이 할 수 있는 일이라는 걸 이번 글쓰기를 하면서 배웠다. 100일 글쓰기의 마지막 날, 이름과 글만 아는 한 분이 내 글에 댓글을 남겼다. 만약 에세이 책을 낸다면 가장 최적화된 사람인 것 같다는 과한 칭찬에 공연히 마음이 뭉클해졌다. 나는 남의 글을 일일이 다 읽지 못하는데 이분은 각 사람의 글을 하나하나 읽고 있었나 보다. 그 마음이 너무 감사했다.

누군가는 유전적인 것이나 환경적인 것을 또는 그 모든 걸 넘어서는 노력을 재능이라 부르지만 내가 지켜본 바로는 질리지 않는 것이 가장 대단한 재능인 것 같았다. 매일 똑같은 이 일을 하면서 질리지 않는 것. 만약 당신이 어떤 일에 뛰어난 것 같은데 얼마 동안 해보니 질린다면 그 일은 하지 않는 것이 낫다. 당장 뛰어난 것 같지는 않지만 하고 또 하고 해도 질리지 않는다면 그것은 시도해볼 만하다.

— 정세랑, 《시선으로부터,》

정세랑 작가는 그의 소설에서 어느 한 가지에 질리지 않는 게 가장 큰 재능이라고 말한다. 그는 예술가가 수백 번씩 쓰고, 그리고, 조각하는 것은 즐거워서가 아니라 질리지 않아서라고 생각한다. 나에게 질리지 않는 일은 무엇일까. 난 아무래도 독서와 쓰기인 듯싶다. 독서는 어릴 적부터 생활이었고 쓰기는 누가 시켜서도 아닌데 네 번째 100일 글쓰기를 하고 있는 걸 보면 질리지는 않는 모양이다. 올해 목표는 365일 쓰기여서 지난 100일 완주를 마치고 이번 100일을 다시 도전하고 있으니 구멍이 좀 있긴 해도 현재까지는 무난히 진행 중이다. 이는 작가의 말처럼 재능이 있어서가 아니라 질리지 않아서 할 수 있는 게 아닌가 싶다.

그냥 꾸준히 쓰려고 하는 것, 뭔가를 쓸 때 집중하는 자체가 좋다. 언젠가부터 나는 일상에서 감사할 일이 생겼을 때 글이 쓰고 싶어지는 것 같다. 가슴 속에 차오르는 따듯함과 감사함을 그냥 쏟아내 버리기엔 너무 아깝다는 생각일까. 또 하나는 책이나 영화를 보고 좋을 때다. 좋은 책이나 영화를 보고 나면 부서원들이나 지인들에게 적극 추천을 하기도 하고 함께 나누기도 한다. 그리고 그 느낌을 다시 글로 적어보는데 멋진 서평이나 리뷰는 아니더라도 뭔가 휘발되기 전에 그 느낌을 정리하고 날 때가 가장 기분이 좋다.

내게 글이란 나의 감정과 생각을 정리하고 넘치도록 하고 싶은 얘기들을 남과도 공유하지만 나 자신에게도 수다를 떠는 행위이기도 하다. 재능이 있다는 말과 질리지 않는 일이 있다는 건 참 다른 의미다. 재능 있는 사람이 그 일에 질리지 않는다면 그 사람은 유명한 예술가로 역사에 남는 사람들일 게다. 뭔가 좋아하는 일을 찾는다는 것, 그리고 소소한 것에서 행복을 느낀다면 그 자체가 좋은 게 아닐까. "당장 뛰어난 것 같지는 않지만 하고 또 하고 해도 질리지 않는다면 그것은 시도해볼 만하다."는 작가의 말이 든든해진다.

그렇게 꾸준히 써보는 거야.
질리지만 않는다면 말이다.

새로운 행복을 찾는
당신에게

Part 4

놀아봐,

우아하게,

멋나게,

놀거리가 많은
나는 행복한 사람

20대, 나의 꿈은 무엇이었을까.

독립영화 〈몽마르트 파파〉는 20대 자신의 꿈을 찾아 나서는 정년
퇴직자의 이야기다. 중학교 미술교사로 정년퇴임한 아버지를 감독인
아들이 앵글에 담았다. 영화의 출연자는 감독의 부모 두 명이고 감독
이자 내레이터는 아들이다.

퇴직을 한 아버지는 무료했다. 엄마는 부동산 중개사 자격이라도
따라고 하지만 아버지는 그럴 생각이 없다. 현실적이고 직선적인 엄
마와 섬세하고 꿈을 꾸며 사는 아버지는 수시로 투닥투닥 말싸움을
벌이는데 그들의 케미를 보는 재미가 쏠쏠하다. 아버지는 주변의 권
유로 주민센터에서 그림을 가르쳐보기도 하지만 재미가 없다. 그러
던 어느 날, 20대에 몽마르트르 화가를 꿈꾸었던 기억이 났다. 몽마

엄마는 오늘도 열심히 노는 중입니다

르트르를 가고 싶다는 열망. 엄마는 내 손에 장을 지진다며 말도 안 된다 하고 아버지는 장을 사놓고 떠나겠다며 의견 대립이 팽팽하다. 결국 아들의 적극 후원으로 이들 셋은 프랑스 한 달 살기에 도전하기로 했다.

아버지는 화구를 챙겼다. 아버지에게 파리는 도착하면서부터 곧 예술이다. 평생의 로망을 이룬 아버지의 모습은 화면을 설렘으로 가득 채운다. 몽마르트르에서 딱 며칠간 그림을 그리고 팔 수 있는 자격을 받은 아버지는 그림을 팔러 온 게 아니라 그리러 온 거라고 스스로에게 다짐을 하지만 한 점도 안 팔리는 그림에 아쉬움이 남는다. 아버지는 평소에 사랑했던 화가들의 흔적을 찾아 나선다. 샤갈 박물관에서 샤갈 작품의 진품 색상에 무한 감동하고 모네의 〈수련〉을 보며 그의 천재성에 감탄한다. 고흐의 마지막 그림 〈까마귀가 나는 밀밭〉의 배경지와 그가 살았던 골목, 그가 그렸던 성당 등을 보며 한 편의 작품보다 훨씬 더 큰 감동이 온다고 행복한 고백을 한다. 관객은 아버지를 따라 멋진 그림 투어를 하고, 그림을 따라 떠나는 길에서 보이는 프랑스 풍경이 눌러왔던 여행 본능을 자극해댄다.

20대의 꿈을 잃지 않고 온 가족과 함께
그 꿈을 이루고 돌아오는 마음은 얼마나 벅찰까.

나이를 먹는다는 건 몸이 늙는 거지 마음까지 늙는 건 아니다. 젊은 날의 꿈을 잃지 않고 죽기 전에 한번 실천해보는 것. 정말 멋지지 않은가. 남편의 그림을 형편없다며 쿨하게 내쏘던 엄마는 파리의 숙소에 앉아 늦은 밤, 불경 필사를 한다. '남편의 꿈을 이루게 하소서. 그림 한 점만 팔리게 해주소서.' 대략 그런 마음이 아니었을까. 평범한 어느 한 가족의 이야기, 정식 화가도 아닌 한 퇴직자의 이야기가 마음을 녹아내리게 한다. 영화를 보며 왠지 밖에 소리 없이 가느다란 비가 내리고 있을 것 같은 느낌이 들었다. 그건 몽마르트르에 비가 오고 있어서만은 아닐 것 같다.

따뜻한 영화. 가족애도 느끼고 여행에 대한 갈증도 생기게 하지만 환갑이 지나 스무 살 시절 자신이 꿈꾸던 꿈을 찾아 나선 아버지의 용기와 가족의 응원이 부럽다. 퇴직을 하면 나는 무엇을 하고 싶을까? 나는 내 무릎만 협조해준다면 가족과 함께 산티아고 순례를 하고 싶다. 완주까지는 아니어도 한 구간이라도 걸었으면 한다. 남편은 그를 위해 열심히 걷는 중이다. 나도 열심히 걸으려고 노력 중이지만 점점 자신이 없어지면서 산티아고는 어느새 해파랑길로 바뀌고 있다.

〈몽마르트 파파〉에서 주인공 파파는 퇴직 후, 20대의 꿈을 찾아 몽마르트르로 떠난다. 거기에서 그림도 그려보고 좋아하는 화가들의 발자취를 보며 마냥 행복해한다. 그렇게 하고 싶은 일들이 있다는 건 아직 살아있다는 거고 그것은 삶에 대한 추동이고 살아가는 이유이다. 우리는 무엇을 위해서 살고 내 안에 어떤 열정을 가지고 사는 걸까. 나는 책을 읽고 영화를 보고 나누며 이렇게 글을 쓸 때 내적 충만을 느낀다.

올해는 365일 글쓰기를 진행 중이다. 중간에 빼먹을 때도 종종 있었지만 아침마다 글을 써서 올려야 된다는 행복한 의무감이 생겼다. 의무감은 나의 생각과 책과 삶을 꾸준히 이어가는 추동이 되기도 한다. 뭔가를 하고 싶은 일을 한다는 것은 살아가는 에너지가 된다. 그런 에너지가 있을 때 비로소 살아 있음을 느끼고 감사하게 된다. 모든 일은 그런 추동력에 의해서 움직여지는 것이고 그것은 나의 내면에서 내가 가장 하고 싶은 일이 무엇인지, 내가 무엇을 해야 하는지에 대한 고민과 숙고에서 비롯된다.

이제 백 세 인생의 절반을 넘어섰다. 우리는 지금까지 열심히 앞을 보고 달렸다. 이제는 앞이 아니라 나를 향해 시선을 돌리고 내가 무엇을 하고 싶은지 내가 무엇을 할 때 행복한지를 계속 고민해야 하는 때이다. 나는 책을 읽고 얘기하고 나누고 글을 쓰고 전시를 보고 영화를 보고 여행을 다니는, 그런 여러 가지 일에서 삶의 의미와 행복을 찾는다. 지금은 시간이 모자라 동동거리며 살지만 이런 시간들은 점점 더 깊이를 더해서 내가 퇴직한 이후에는 그런 쪽으로 시간을 더 많이 쓰고 나의 이런 생활들을 잘 정리해서 글을 계속 써보고 싶다는 꿈을 갖고 산다. 나는 이렇게 놀 거다.

아직 놀거리가 많이 있다는 것은
내 안에 열정이 꿈틀거린다는 거고
여전히 살아 있음을 느낀다는 의미다.
놀거리가 아직도 많은 나는 행복한 사람이다.

엄마는 오늘도 열심히 노는 중입니다

열심히 노는 것은
나를 찾아가는 시간

나는 왜 놀려고 하는 걸까? 내게 논다는 건 어떤 의미일까. 퇴근 후 독서토론을 가는 길에 문득 내게 던지는 질문이다. 나는 왜 이렇게 노는 데 '열심'인 걸까?

생각해보면 내가 놀려고 하는 것은 '빈 둥지에서의 탈출 욕구'에서 비롯된 듯하다. 많은 50대가 공통으로 겪는다는 빈둥지증후군. 나도 예외는 아니다. 한의원에서 비슷한 연배들이 호소하는 불면과 우울함을 보며 다들 비슷하게 사는 거구나, 시린 가슴을 쓸어내린다. 사람은 왜 나만 그런 게 아니라는 데서 한시름을 내려놓고 안도와 위로를 얻는 걸까.

'무사태평하게 보이는 사람들도 마음속 깊은 곳을 두드려보면 어딘가 슬픈 소리가 난다'는 나쓰메 소세키의 말이 가슴에서 쿵 소리가 나도록 와닿았던 건 이런 연유에서였나 보다. 50대는 빈둥지증후군과 더불어 기다린 듯 찾아오는 갱년기, 퇴직과 노후에 대한 두려움, 부모님과의 사별 등이 겹치면서 온 우주에 혼자인 듯한 외로움과 살아온 세월을 반추하며 그간 무얼 하고 살아왔나 하는 공허함에 휩싸인다.

빈껍데기만 남은 느낌, 나는 그런 50대를 공허한 나이라고 푼다. 가족이, 특히 아이가 전부라고 생각하며 전투력을 장착하고 어린이집으로, 사무실로, 아이 학원으로 후다닥 뛰어다니며 살다가 아이의 입시가 끝나면 이로써 나의 역할이 끝난 듯 허전함이 몰려온다. 50대는 가정과 직장이 어느 정도 안정되는 나이다. 이제 살 만해졌다 싶을 때 문득 들여다본 거울 속에는 어느새 주름지고 희끗해진 머리를 한 중년의 내가 앉아 있다. 언제 이렇게 세월이 간 걸까. 연극을 마치고 텅 빈 객석 앞에 서 있는 연극배우의 느낌이 이럴까. 이제는 만나면 서로 병 자랑을 하고 필요 없다며 손사래 치던 영양제 얘기에 귀가 저절로 솔깃해진다.

그 나이가 되어봐야 안다.
사람은 속도의 차이만 있을 뿐 참 공평하게 늙는다.

직장과 가족이 전부라며 살았던 25년. 직장은 이제 퇴직을 앞두고 있고 아이는 훌쩍 커 둥지를 벗어날 생각을 한다. 대학을 들어가면서 집보다는 친구가 훨씬 좋아질 때다. 이런 자연스러운 수순에 나는 거부 없이 순응한다. '당연한 거야.' 남편은 직장에서의 탄탄한 네트워크로 주말에도 경조사와 운동으로 바쁘고 그러다 보니 덩그러니 둥지에 나만 남는 느낌이다. '나는 뭐지?' 홀로 둥지에 앉아 있는 내가 싫었고 나도 뭔가 활기찬 나의 생활을 하고 싶었다. 나에게 주어진 시간들을 쓰고 싶었다. 내가 좋아하는 일이 뭔지 찾아보기 시작했다.

우연히 독서 모임에 참여하며 책을 다시 잡으면서
내 삶이 달라지기 시작했다.

책은 어릴 적 기억들을 소환해냈고 책을 통해 공감하고 위로받는 게 좋았다. 내가 좋아하는 일을 찾아 나서는 일은 빈 둥지에서 탈출함과 동시에 일상의 악센트가 되었다. 시계추 같은 생활에서 나는 바틀비가 되어갔다. 풍선에서 바람이 빠지듯 내 안의 에너지가 빠져나가는 느낌과 함께 공허함은 커져갔다. 하지만 내가 좋아하는 일을 찾기 시작하자 똑같은 일상생활이지만 삶의 의미가 달라졌다. 얼굴에 드러나던 무료함과 우울함을 한 꺼풀씩 벗겨내며 아주 오래전의 나의 모습을 조금씩 찾아가는 것 같다.

늘 한결같은 삶의 루틴은 큰 질곡이 없다는 점에서 항상 감사하지만 변화 없는 삶은 지루할 때가 많다. 지금은 내가 좋아하는 것. 책, 악기, 영화, 걷기 등으로 빽빽해진 다이어리를 보며 바쁘다는 행복한 비명을 지르며 즐기고 산다. 확연히 달라진 삶의 질을 체감하는 중이다.

　나는 32년 차 직장인이다. 처음에 3년만 하고 그만두겠다고 하던 일이 정년까지 왔다. 일이 힘든 건 아닌데 늘 마음이 버겁고 힘들었다. 직장에서 대학원에 1년간 파견을 받아 공부를 하면서 그토록 힘들어하고 재미없던 이유가 내게 맞지 않은 옷을 입고 버텨내느라 그랬음을 처음 자각했다.

　어느 날 사주를 공부한 지인이 장난삼아 사주를 봐준다고 하며 직장이 맞지 않아 그새 마음고생을 했겠다는 말을 툭 하고 내뱉었을 때 속으로 펑펑 울었다. 누군가에게 그 마음을 읽혔다는 것, 내 속을 알아준다는 것, 나에게 공감해준다는 것이 왜 이리 고마운지 그간 세월이 마냥 서럽게 느껴졌다. 긴 세월을 버텨내면서 몸에 무리가 왔고 그 이유는 체력이 아닌 심리적 요인이었다. 내 삶의 탈출구가 생기자 버텨낼 힘이 생겼다. 내가 에너지를 받는 일들은 정말 아주 사소한 것들이었다. 책을 읽고 함께 책 수다를 떨고 주말에 서울 시내를 걸으며 새로운 곳을 발견하는 아주 작은 일들이 내게는 큰 기쁨이고 활력이 되었다.

　나는 이런 일들을 논다고 표현한다. 즐기는 것. 아무런 목적 없이 그렇게 노는 일들이다. 이렇게 시작한 놀이는 이제는 생활이 되었고 내 삶의 에너지원이 된다. 놀이를 시작하면서 일도 재밌어졌고 식구들과 할 얘기도 훨씬 많아졌다. 마음의 여유가 생기다 보니 짜증이

　엄마는 오늘도 열심히 노는 중입니다

많이 줄어 자연스레 일상생활이 훨씬 즐거워졌다.

우리가 살아가면서 흥부의 박처럼 큰 덩어리의 복이 툭 떨어지기를 바라며 사는 건 아니다. 이렇게 별것 아닌 것에서 삶의 의미를 느낀다. 휴대폰 사진 속에서 오래전 기억을 떠올릴 때, 어제 본 영화가 정말 좋았을 때, 우연히 들어간 음식점이 가성비 좋게 맛있을 때, 지금 읽고 있는 책이 너무 좋아 누군가에게 마구 추천하고 싶어질 때… 그럴 때 소소한 행복을 느낀다.

나는 놀기 시작하면서 그런 행복을 깨달았고, 그 충만함과 삶의 질이 변하는 것을 체감했기에 점점 더 열심히 노는 중이다. 결국, 내가 놀려는 이유는 지루한 일상에서의 일탈과 새로운 에너지의 충전을 위해서다. 그리고 더 나아가 내 삶에 없던 나를 찾고 내 삶의 주인으로서 능동적으로 살아가기 위함이다.

나에게 논다는 것은 살아 있음을 느끼는 행위다. 끊임없이 보고, 배우면서 정체되지 않는 나를 보며 내가 살아있음을 느낀다. 사소한 것에서 행복을 느끼는 건 내 삶의 질과 행복지수를 높인다. 열심히 읽고 쓰며 뭔가를 배우는 내 모습에서 단단해진 자존감을 본다. 남과의 비교에서 많이 멀어지고 나의 만족에 최선을 다한다. 이런 자기만족은 나를 지탱하는 힘이 되기도 한다. 누가 무엇을 하든 그건 그 사람의 몫이고 나는 내 몫의 삶을 산다는 당당한 자부심은, 내가 놀기 시작하면서 생긴 부수적이지만 아주 중요한 부분이다. 그래서 나는 노는 것에 이렇게 집착하는지 모른다.

또 하나, 내게 논다는 것은 다가오는 퇴직에 대한 두려움에서의 해방이다. 허구한 날 그만둔다고 하며 30년이 지났다. 이제는 정말 그만두어야 할 때가 왔다. 차이점은 이제는 자발적 퇴직이 아니라 제도에 의한 강제 퇴직이라는 거다. 퇴직이 다가올수록 두려움이 커지고 있다. 열심히 놀고 있기에 걱정 없다며 명퇴를 운운했었는데 현실로 닥치니 점점 자신이 없어진다. 그럼에도 지금 즐기고 있는 이런 일들이 나의 퇴직 후 삶에 자양분이 될 거라는 데는 의심의 여지가 없다. 그리고 나는 이제 곧 중년이라는 시간을 맞이해야 할 이들에게 '빨리 잘 놀 준비를 하라'고 '빠르면 빠를수록 좋다'고 열을 내어 이야기한다. 텅 빈 둥지에 홀로 남겨졌을 때 우리는 모두 스스로를 단단하게 해줄 무언가가 있어야 하니까.

혹자는 배부른 소리가 아니냐고 묻는다. 이렇게 노는 건 특별한 사람만이 하는 게 아니냐고. 하지만 노는 방법에 정답이 어디 있겠는가. 각자 살아온 방식과 취향이 다르니 노는 방식도 자신만의 것을 찾아가면 된다. 음식을 하든, 등산을 하든, 탁구를 치든 내가 좋아하는 방법으로 놀고 그래서 즐거우면 되는 거다. 나는 오늘도 1만 3,000보 걷기 인증을 하고, 개항장을 다녀오고, 읽은 책을 발췌해서 정리하며 노느라 고된 하루였다. 그럼에도 오늘도 열심히 살았다, 셀프 칭찬을 하며 살아있음에 충만함을 느낀다. 그렇게 뿌듯한 마음으

엄마는 오늘도 열심히 노는 중입니다

로 마무리하는 하루가 감사하다. 내일은 내일대로 노느라 또 바쁘겠지. 기분 좋은 설렘이다.

엄마는 오늘도 열심히 노는 중이다.
그렇게 나를 찾아가는 중이다.

어떻게 지내?
응, 노느라 바빠,
넌?

나이 생각은 안 하고 마음만 바쁘다. 어제는 약속이 취소되었다. 예견했던 취소라 수요일 국립 미술관 연장 관람을 가야지 마음을 먹은 터였다. 시내라 부담 없다고 생각하고 퇴근 후 주섬주섬 길을 나섰는데 가면서 점점 후회가 되었다. 그새 짧아진 해에 어둑해진 도화서길은 생경했고 수송동에 들어가고 싶은 집들이 이렇게 많을 줄이야. 낮에 오면 막걸리 한 잔을 공짜로 준다는 집까지, 솔깃하고 궁금한 집들이 불을 환히 켜놓고 있었다. 낮에는 보지 못했던 풍경들이었다. 어디선가 버스킹 소리가 들려오는데, 열린 송현의 인공 달이 환하고 은은한 조명을 받은 경복궁 담장이 당당하고 멋스럽다.

하지만 점점 피곤해지는 발걸음과 굳이 이렇게까지 가야 할 이유의 부재는 점점 후회를 불러일으키는데 그런 내 마음 상태와는 별개

166

로 내 발은 빠른 걸음으로 움직이고 있었다. 난 이렇게 놀아야 하는 사람인가 보다. 팔자인가, 피식 웃으며 미술관에 닿았다.

예상대로 이중섭 전은 매진이고 계획한 대로 임상옥 전을 관람하러 지하로 내려갔다. 작가 임상옥은 그대로 '대지'였다. 작가 자체가 대지처럼 느껴진 건 그의 땅에 대한 애착과 엄청난 작품 스케일 때문이다. 두말할 것도 없이 '작가＝땅'이라는 생각이 들었다. 그의 작품 〈원탁〉은 짚으로 된 인간들이 등에 커다란 원판을 지고 움직이는 조형물이다. 원판 위에 단 하나의 머리가 올려져 있을 뿐, 인간들에게는 머리가 없었다. 그 원판을 인간들이 들고 일어설 때마다 머리가 데굴데굴 굴러다닌다. 머리 없는 인간 18명이 각자 내 머리라며 차지하려는 듯해 조형물이 움직일 때 느낌은 섬뜩하기까지 하다.

사람들은 그렇게 내 것을 주장하며 악착같이 사는 거지. 새삼 그들의 모습이 우리의 아등바등 사는 모습으로, 어깨에 짊어진 원판은 삶의 무게로 느껴져 지푸라기 인간들이 관절을 힘겹게 펴고 서는 모습이 안쓰러웠다. 아무리 노력해도 머리를 가질 수 없는 구조. 그게 우리가 사는 세상인가. 어려운 사회 시스템 속에서 소진되어 가는 삶. 보는 마음이 불편해 동영상을 찍다가 말았다. 작가의 설명이나 작업 과정 등의 영상은 과감히 포기하고 후다닥 빠르게 관람을 마쳤다. '정말 피곤하고 무리였어….' 마음만 바쁘고 미련하기가 짝이 없다. 주말에 가도 되는데 굳이… 이것도 병이다. 다시는 이런 무지한 일은 하지 않으리라. 하지만 어쩌겠는가. 이게 내가 노는 방법인 것을.

나는 승진 삼수생이었다. 고3보다 지독한 승진시험 준비 기간을 보냈다. 주말에는 노량진에서, 퇴근 후에는 독서실에서, 그렇게 3년을 보냈다. 삼수의 종지부를 찍고 나면 다른 세상이 열린다고 생각했나 보다. 선배 말대로 딱 하루 좋고 그 이후는 승진 전과 후가 그리 다르지 않았다. 단 한 가지, 3년간 내 발목에 메어있던 족쇄가 후루룩 풀렸다는 해방감, 그게 전부였다.

하지만 그렇게 바쁘게 살다가 갑자기 느슨해진 삶이 낯설었다. 1년쯤 지났을 무렵, 내가 3년간 배운 것은 시험에 대한 지식이 아니라 내 시간을 쓰는 법이라는 것을 알았다. 그렇게 강제로 식구들과 격리가 되지 않았다면 지금도 이렇게 놀며 살진 못했을지도 모른다. 그 당시에는 아이도 밟히고 가족들에게 미안해서 늘 마음이 무거웠다. 그 순간이 빨리 지나가기만을 바랐지만, 그 시간들이 나를 위한 오롯한 시간이었음을 나중에 알았다.

'내 시간 쓰기'로 가장 먼저 시작한 건 걷기였다. 레베카 솔닛이나 루소 등 많은 사람들이 걷기 예찬을 하고 걸으며 사유를 한다. 나도 마음이 복잡할 때 걸으면 정리가 되는 듯해 사무실에서도 일이 안 풀릴 때면 건물 주변을 무작정 걷는 습관이 있다. 하지만 걷기가 놀이가 된 건 남편을 따라 남편 지인이 안내해 주던 서촌 기행을 다녀와서부터였다. 역사에 해박한 그분의 서촌 해설은 나에게 신세계였다. 그분의 해설은 단순히 역사적 사건의 설명이 아니라 당시의 모습과 지금의 모습을 겹쳐서 보는 입체적인 기행해설이었다. 이렇게 노는 방법도 있구나.

이후 스토리가 가득한 서촌과 북촌, 정동을 시작으로 걷기를 시작했다. 서울은 어디를 걸어도 역사 이정표를 만날 수가 있어 그때마다 하나씩 얻는 재미가 쏠쏠하다. 지금 서울의 모습에 500년 전 서울의 모습을 오버랩시키는 건 정말 재밌다. 여기가 당시에는 의금부였고 김종서가 여기쯤에서 철퇴를 맞았겠구나. 이 산꼭대기에 맹사성이 살았고 이순신과 류성룡은 동네 친구였구나. 갑신정변의 동선을 유추해 보며 걷다 보면 시간이 가는 줄도, 다리가 아픈 줄도 모르다가 집으로 가려고 지하철을 향하는 순간부터 피곤이 몰려온다. 이미 걸음은 2만 보가 넘었다. 격한 운동 뒤에 오는 쾌감이 이런 걸까. 하지만 주말 독서 모임을 시작하니 걸을 수 있는 시간이 확 줄어들었다. 가끔은 독서 모임이 끝나고 남산이나 안국동을 가기도 했지만, 전처럼 걷지는 못한다. 날이 더운 여름과 추운 겨울에는 밖을 걷는 것 대신 전시를 관람하는데, 최근에는 전시를 보는 횟수가 많아지면서 나만의 역사투어는 잠시 휴업 중이다.

아이가 고등학생이 되자 독서 토론 모임이 저녁에도 가능해졌다. 그런데 참 희한한 일이 생겼다. 독서 모임을 시작한 후부터는 사람 만나는 게 귀찮아지기 시작한 거다. 친구들이나 동기, 동료를 만나도 시시콜콜한 얘기가 싫었다. 빨리 가서 읽어야 할 책도 많다는 생각에 마음이 바빠졌고 그런 비생산적인 얘기에 답답함을 느끼기 시작했다. 그러다 보니 점점 모임이 줄어들었고 목적 없이 안부 차 만나는 일은 더 줄어들었다. 이에 반비례하여 늘어나기 시작하는 독서 토론과 글쓰기 모임, 영화 토론… 세상에 놀거리가 이렇게 많은 줄을 그제야 알았다.

누군가 어떻게 지내냐고 물어올 때면
난 노느라 바쁘다는 답을 한다.

나는 진심에서 하는 말이지만 상대는 농담으로 받아들여 어색한 웃음을 지을 때가 많다. 뭐 하고 노냐고, 재미있는 거 있으면 같이 놀자고 하는 사람도 많지만 정작 읽고 걷고 쓰고 전시를 관람하자고 하면 머뭇거리는 경우가 많다.

나에게 논다는 건 어떤 의미일까? 나는 왜 이렇게 퇴근 후 피곤함에도 미술관을 가고 독서 토론을 하고 저녁에도 인문학 수업을 듣는 걸까. 피곤하지만 이렇게 다녀오면 가슴 가득히 차오르는 벅참이 좋아서다. 퇴근 후 지하철을 타면서 늘 갈등을 겪는다. 오늘도 전쟁이었는데 그냥 집에 갈까, 중간에 포기하고 집으로 갈 때도 많지만 그래도 계획대로 갔다 올 때면 마음속 깊은 곳에서부터 뿌듯함이 솟아오른다. 뭔가를 하고 있다는, 내가 살아 있다는 생동감을 느낀다. 누군가는 체력이 좋아서라고 말하기도 한다. 체력이 좋아서가 아니라 충전을 한다는 게 맞는 말이지 싶다. 이렇게 놀면서 소진된 내적 에너지를 충전하는 거다. 읽기를 시작하자 쓰기가 따라왔고 걷기는 전시관람으로 확장되었다.

읽고 걷고 쓰고 전시, 영화, 공연 등
놀 일이 점점 늘어나고 있어 '바쁘다 바빠'를 외치며 산다.
이게 내가 노는 법이고 나는 더 나이를 먹어서도
이렇게 놀고 싶다. 이런 내가 좋다.

정답 찾기를 포기하면
그림이 다가온다

아직 초보지만 한 달에 두세 개의 전시를 관람한다. 찾아간 전시가 다 좋은 것도, 보는 그림이 다 좋은 것도 아니지만 전시장 분위기와 전시를 보는 행위 자체가 주는 즐거움이 있다. 내가 전시 관람을 시작한 건 2018년도에 도서관 프로그램을 접한 후다. 배움 중독자인 나는 도서관에서 하는 프로그램에 관심이 많아서 꼼꼼히 들여다보는 편이다. 한 도서관에서 하는 프로그램이 눈에 띄어 얼른 신청을 했다. 오르세, 루브르, 런던 내셔널 갤러리, 뉴욕 현대미술관(MOMA)에 대한 책을 매주 한 권씩 읽고 가면, 각 미술관에 있는 작품에 대한 강의를 듣고 과천, 서울, 덕수궁 국립현대미술관 탐방까지 하는, 지금 생각해도 정말 근사한 프로그램이었다.

과천 현대미술관에 갔을 때였다. 해설 없이 갔을 때는 '여기 이런 게 있구나.'에서 그쳤던 조각 작품들이 해설을 듣자 의미를 입고 새

엄마는 오늘도 열심히 노는 중입니다

롭게 다가왔다. 전시 중이던 한 여류 작가의 작품이 시기별로 마치 두 사람의 작품처럼 선명한 색상 차이를 보이는 이유가 아이를 두고 유학을 떠났을 때와 돌아와 아이들을 품에 안았을 때의 심리상태의 변화 때문이라는 도슨트의 말을 들었을 때는 예술이 그대로 삶을 반영한다는 말을 내 눈으로 보는 순간이었다. 프로그램 수강 이후 그토록 높던 미술관의 문턱이 편안해졌다.

나는 왜 미술관은 나와 상관없는 특별한 사람들의 향유물이라고 생각했을까. 그건 정답 찾기에 익숙해서였다. 그림 앞에서 가장 난감할 때는 제목이 무제일 때다. 제목이라도 있어야 힌트를 얻을 텐데 무제라니 이렇게 불친절할 수가 없다. 시험과 퀴즈에 길들어져 있는 내게 특히 추상화 옆에 붙여진 '무제'란 제목은 물 없이 고구마를 먹는 느낌이다. 뭔가 정답을 맞히고 찾아야 한다는 강박에 싸인 채 초등 6년, 중등 3년, 고등 3년을 거치며 선다형 문제에서 답을 찾고 아닌 것부터 지워나가는 스킬에, 두 개 남았을 때 선택하는 요령까지 정답 찾기에 길들어져 있었다. 정답 찾기의 입시 위주 교육은 우리의 창의성을 말살했고 답을 못 찾으면 죄책감을 갖게 만들었다.

세상엔 정답이 없는데 우리는 정과 오, 흑과 백, 좌파와 우파, 선과 악 등 이분법적 사고에 젖어 들었다. 너와 나, 모두 맞을 수도 있고 둘 다 틀릴 수도 있는데 내가 맞으면 넌 틀린 거야라고 생각하다 보니 미움도 원망도 많은 세상이 된 것 같다. 정답 찾기를 미술 작품에 대입하다 보니 제목이 허무라는데 왜 허무한지 나는 모르겠다며 나는 그림을 모르나 봐, 나는 그림에는 소질이 없어, 미술은 너무 어려워… 그러다가 미술관은 아무나 가는 데가 아니라며 그대로 마음을 닫았던 게 아닐까.

정답 찾기를 포기하자 그림이 좀 편해졌다.
봐서 느낌이 오거나 보고 있어서 편안해지는 그림이 좋다.

예술의 전당에서 〈매그넘 인 파리(magnum in paris)〉 전시를 볼 때였다. 그대로 전할 수는 없지만 '전시에는 많은 그림이 있지만 딱 하나 당신의 마음에 들어오는 그림이 있으면 된다'는 내용의 말이 귀에 꽂혔다. 내레이터가 전하는 어느 유명한 작가(발터 벤야민이었던 것 같은데 확실치 않다)의 말에 내 머리에 섬광이 일었다. '그래 내 마음에 드는 그림, 딱 한 점만 있으면 이 전시는 멋진 거야.' 그 후로는 내가 좋아하는 한 점을 찾으려 하고 마음에 드는 그림 한 점을 찾은 날은 돌아오는 내내 부자가 된 듯 뿌듯하다. 전시는 타인과 같이 가기도 하지만 혼자 갈 때가 좋다. 보는 속도가 달라서다. 처음에는 지인들과 함께 갔는데 일찍 나가서 앉아 있는 사람, 아직도 문 앞의 그림에 서 있는 사람… 걷는 속도와 머무는 그림이 달랐다. '전시를 볼 때도 옆사람의 속도를 배려해야 하는구나.' 이후 전시는 혼자서 보러 갈 때가 많아졌다.

엄마는 오늘도 열심히 노는 중입니다

요즘은 그림을 그리는 연예인들이 참 많다. 유명 예능 MC, J는 집에 화실을 꾸몄다. 학창 시절, 그림을 이론으로 배울 때는 그림을 그릴 수가 없었는데 외려 아무런 형식 없이 내 식대로 그리다 보니 그림이 그려진다고 한다. 나름 매력이 있는 그림이다. 그가 그리는 그림은 참 쉽다. 스케치도 없이 캔버스에 눈부터 그려 사람을 완성시킨다. 그가 갖는 색감이 나는 참 좋다. 밝고 따듯하고 자유분방한 색감이다. 점점 그림 실력이 늘고 있다는 화가 K의 말에 J의 대답이 인상적이다. 어느 전문가가 그림을 배우지 않아서 쓸 수 있는 색이라고, 배우면 절대 쓸 수 없는 색이라고 말했다고 했다.

교육이라는 것은 우리를 얼마나 가두어 놓는 걸까. 늘 그래야만 한다고 가르치는 게 교육이 아닌가. 세상은 교과서 밖의 것이 훨씬 많은데 자꾸 교과서대로 살라고 하니 아이들이 힘든 것도 당연하다. 우리 때만 해도 교과서 외에는 볼 게 없었으니 어쩔 수 없었지만 요즘 아이들은 교과서보다 몇 배나 큰 세상을 보며 자란다. 그런 아이들에게 교과서대로 살라고 하니 아이들이 얼마나 답답할까. 퇴직을 하면 작은 베란다에 이젤을 하나 놓아볼까 싶다. 대학에 들어가서 가장 좋았던 게 미술, 체육. 스트레스를 안 받아도 된다는 거였다. 그토록 싫어했던 미술이었고 지옥 같은 미술 시간이었다. 도화지만 받으면 머리가 하얘졌던 내가 이런 생각을 하는 건 기적 같은 일이다. 평생학습관의 수강생 작품 발표회에서 명화를 따라 그리는 사람들이 많음을 보았다. 그렇게 시작을 하는 거구나 싶어 슬그머니 용기가 생졌다.

　이렇게 또 하나 확장을 해간다. 미술을 겁내 했던 내가 전시를 찾아다니고 이런 글을 쓰고 있다니 믿을 수가 없는 일이다. 그림을 보고 정답을 맞혀야 한다는 주입식 교육의 병폐가 그간 미술관을 너무 두렵게 했던 것 같다. 책이 독자의 몫이듯 그림 또한 관객의 몫이라는 걸, 그리고 미술관 전체에서 딱 하나 마음에 들고 이유 없이 그 그림이 좋으면 그것으로 된다는 걸 너무 늦게 깨달았다.

　언제인가 리움 미술관에서 혼자 오신 멋쟁이 70대 아주머니가 정말 익숙하고 편안하게 미술관을 즐기고 계신 걸 본 적이 있다.

　나의 노년에도 저렇게 조용한 미술관을 거닐며
　시간을 보내면 좋겠다고 나도 모르게 다짐했다.
　놀이가 또 하나 늘었다.

엄마는 오늘도 열심히 노는 중입니다

세상이
더욱 고와 보이는
후유증

전시 관람 후 행복한 후유증이 생겼다. 관람 후 갤러리를 나올 때쯤이면 밥집을 가도, 길을 걷다가 돌멩이를 봐도 모두 예술품으로 보인다는 거다. 꽤 오랫동안 그 자리에 있었을 액자나 소품들이 갑자기 눈에 들어와 새삼 멋있고 예쁘다며 언제 이런 게 있었냐고 돌고래 비명을 지른다. 세상의 모든 것들이 작품으로 보이고 의미가 부여되는 것. 전시 관람의 효과다. 언제나 제자리에 있던 풀이지만 어느 날 나에게 훅 들어와 의미가 되었을 때 풀이 아닌 꽃이 되었다는 김춘수 시인의 시처럼 말이다

아주 오래전 한 지인의 작품전시회에 갔을 때였다. 유독 눈이 가는 부조작품이 있었다. 작품 앞에 서있는 나에게 지인은 작품에 대한

이야기를 해주었다. 집 정리를 하다 보니 아이들이 어릴 때 갖고 놀던 장난감 칼이 나왔단다. 아이들이 너무도 잘 가지고 놀던 것들이라 버리기 아까 와서 한참을 쳐다보다 손잡이 부분만 떼어내어 작품을 만들었다고 했다. '이런 것들도 소재가 되는구나.' 눈이 가던 작품은 훨씬 더 근사하고 친숙하게 다가왔다.

갤러리에서 작품들을 마주할 때면 매번 작가의 창의성에 감탄한다. 뒤샹의 변기나 앤디워홀의 스프 깡통, 박래현의 커튼 고리나 하수구 뚜껑마저도 소재가 됨에 깜짝 놀라지만 평범한 것에서 모티브를 얻는 작가의 민감성은 공통적인 자질이다. 평범함에서 소재를 찾아 비범한 작품을 만드는 것. 소재의 범위를 벗어나 의미를 담고, 그 의미를 통해 관객과 소통하고 공감하는 것이 예술이기 때문이다.

똑같은 사물을 대해도 거기에서 모티브를 얻어내는 능력은 단연 민감성이다. 어느 심리학자는 창의력의 조건으로 민감성을 꼽았다. 사물에 대해 예민할 것. 그냥 건성으로 보지 말고 관심을 갖고 바라보면 어느 피사체건 애정이 담기고 나만의 연결 서사가 생기고 나만의 연결서사는 나만의 각별한 의미로 새겨진다. 그렇게 사물을 바라보는 시각이 작품에 담기면 예술이 된다. 작가의 민감성은 나비효과가 되어 관람객에게로 전이가 되어 전시를 보고 나올 때면 세상이 모두 작품으로 보이게 되는가 보다.

예술은 그렇게 사람의 눈과 감성을 민감하게 만든다.

늘 다니던 건물의 타일바닥이, 백화점 화장실의 세면대가, 자주 타는 지하철 승강장에 쓰여 있는 시민 작가의 시가, 무심히 넘겼던 달력의 그림이 눈으로 들어와 감성을 흔든다. 예술을 바라본다는 건 민감성에 대한 훈련이기도 하다. 사랑의 반대가 미움이 아니라 무관심이라는 말대로 관심은 대상에 애정을 갖는 첫걸음이다.

이렇게 사물과 사람에 관심을 가지면
내 눈앞의 세상이 훨씬 더 고와 보이지 않을까.
작은 것에 관심과 의미를 갖고 세상을 예술로 바라보게 되는
이런 후유증은 언제나 환영이다.

나는 나쁜 여자가
되고 싶다

회의 준비로 바쁜 시간에 한 팀장이 와서 협의할 게 있다며 은밀히 밖으로 불렀다. 밖에는 질병으로 휴직했다가 7월에 복직을 한 직원이 앉아 있었다. 지난주 병원을 다녀왔는데, 담당 의사가 상태가 더 안 좋아져 절대안정이 필요하다고 휴직을 권했단다. 본인은 휴직 후 퇴사도 고민하는 눈치다. 직원은 본인 몸 걱정보다 사무실이 복잡한데 휴직 얘기를 하게 돼서 미안하다며 펑펑 울었다. 우리 사무실은 지난달에 한 사람이 퇴사를 하고 한 사람은 휴직을 신청해 놓은 상태다.

일이야 어떻게든 돌아가게 마련인데 아직 35세밖에 안 된 직원이 언제까지 저 병을 안고 안정하며 살아야 하는지 그 삶이 안쓰러워 팀장도 나도 눈물이 났다. 한참 예쁘고 좋을 나이, 가고 싶은 곳도 먹고 싶은 것도 정말 많은 나이. 게다가 싱글이라 매인 곳도 없이 혼자 신나게 즐기며 살 수도 있는데 집 바로 앞인 사무실에 나와 있는 것도

엄마는 오늘도 열심히 노는 중입니다

힘들어 집에서 절대 안정을 취해야 한다니 얼마나 삶이 답답할까 한숨이 인다.

본인 말로는 지난 휴직 때 집이 너무 답답해서 조기 복직을 했다고 했다. 그래서 그 생활을 알기에 다시 집으로 돌아가는 게 더 엄두가 안 나는 것 같아 보였다. 그런 딸을 바라보며 삼시 세끼를 준비하는 엄마는 또 어떤 마음일까. 아침 회의 때 상황 보고를 했다. 다들 부모 입장이라 뭐라 말을 못 하고 안타까워했다. 이제 35세인데 기한도 없이 언제까지, 어떻게 저렇게 사냐고 모두 한숨만 쉬었다. 다들 같은 마음인 게다.

점심 식사를 마치고 산책을 하며 옆의 동료에게 물었다. "서른다섯으로 돌아가면 뭐 할 것 같아?" 그녀는 일단은 결혼은 안 할 것 같다며 열심히 놀고 싶다는 말을 했다. 문득 노는 것도 놀아본 사람이 하는데 나는 되돌아가면 뭘 하고 놀까… 자문을 해본다. 되돌아가서 놀 거면 지금 열심히 놀면 되지 않을까. 많은 사람들이 나이가 들어 후회하는 일이 '자신을 돌보지 못하고 일과 가족만을 위해 열심히 살았던 것'이라는 얘기를 들었다. 내게 주어진 가정과 직장, 모임에서의 주어진 역할에 대한 기대에 부응하기 위해 나보다는 역할에 초점을 맞추고 살았던 것을 공통적으로 후회하는 것 같다. 남의 기대에 맞추어 살기보다는 나에게 방점을 두고 살아야 하는 일이 이토록 어려운 건 어쩌면 여건이 안 되는 것보다 내가 무엇을 하고 싶은지 나를 들여다볼 기회가 없었고 그래서 나를 몰랐기 때문에 뒤늦게 후회하는 게 아닌가 싶다.

동료가 말한 '놀고 싶다'는 말은
나 자신에게 충실하고 싶다는 말의 다른 표현이다.

다들 비슷하지 않을까. 나도 한때는 인사말로 "열심히 살자!"를 외칠 때가 있었다. 하지만 언제부턴가 나의 멘트는 "열심히 놀자!"로 바뀌었다. 인생 모토이던 '성실과 열심'에서 벗어나 '내 마음의 평안'이 훨씬 중요해졌다. 이제는 굳이 잘하려 애쓰지 않고 오히려 열심히 살까 봐 걱정하며 '열심히'보다는 '즐기며' 살고 싶다. 딱히 무엇을 하지 않아도 마음 가는 대로 하고 사는 것. 읽고 싶은 책을 읽고, 가고 싶은 곳에 가고, 쉬고 싶을 때는 쉬고 싶다. 일도 힘들어 말고 적당히 즐기며 할 때 효율이 좋다는 나의 경험치다. 먼 데 있는 행복을 찾아 헤매지 말고 지금 여기를 행복한 곳으로 만들자. 나에게 집중하고 내가 지금 하고 싶은 일이 뭔지를 찾고 나의 감정을 깊이 들여다보는 연습이 필요한 때다.

우지현 작가는 "착한 여자는 죽어서 천당에 가지만 나쁜 여자는 살아서 어디든 간다."(우지현,《나를 위로하는 그림》)고 말한다. 나는 죽어서야 어딜 가든, 살아 있을 때 어디든 가는 나쁜 여자가 되고 싶다.

젊을 때는 내일을 위해 오늘을 희생하며 살았다. 미래에 저당 잡히는 현재는 싫다. 지금 여기, 내가 사는 게 중요할 뿐. 휴직을 하는 두 사람 모두, 휴직 기간을 나름 즐겼으면 좋겠다. 집에서 쉬면서 자기가 뭘 할 때 기분이 좋고 시간이 잘 가는지 알아가는 시간이 되었으면 좋겠다.

왜 우리 직원들은 평탄치를 못하고
나름의 서사를 안고 삶의 무게를 지고 사는 걸까.
시간이 흘러 내 나이가 되면 그런 때가 있었지 하고
쿨하게 회상할 수 있도록 다들 잘 넘겼으면 하는 바람이다.

엄마는 열심히
노는 중입니다

멀 것 같던 퇴직이 코앞으로 다가왔다. 워낙도 바쁘게 지냈지만 최근에는 퇴직 전 준비라고 생각하며 더 열심히 노는 중이다. 내가 노는 방법은 읽고 쓰기, 영화와 전시 관람, 도심 속 역사 탐방, 여행 등이다. 일을 하면서 놀려니 퇴근 후와 주말이 참 바쁘다. 최근에는 책을 주로 지하철에서 읽고 발췌는 낭독 후 녹음을 해서 정리하며 시간을 아끼고 있다. 지금부터 열심히 놀아야 퇴직 후에도 꾸준히 이어가게 될 것 같아서 더 열심히 노는 중이다.

몇 년 전 이런 놀이터를 갖게 될 때는 주로 읽고 쓰기, 도심 속 걷기가 전부였지만 나도 모르게 점점 확장되어 지금은 주말엔 주로 전시 관람이나 여행을 하고 평일 저녁에는 영화를 볼 때가 많다. 영화는 주로 집에서 보고 있어 영화관을 가는 경우가 드물다. 이제는 한 번에 쭈욱 보지를 못하고 중간에 조금씩 쉬어줘야 하고 가끔 대사를 다시 보기 위해 되돌려보기도 하고 괜찮은 영화나 후기를 쓰고 싶은 영화는 두어 번을 봐야 하므로 집에서 보는 영화를 선호하는 편이다. 그러다 보니 저녁 약속이 부담스러워져 대부분의 약속은 점심시간을 이용하고 저녁 시간을 최대한 확보하려 한다. 꾸준히 대여섯 개의 모임에 참여하다 보니 필독해야 할 책도 많고 영화도 많다.

7년 차에 접어드는 책 읽기 모임이 있다. 온라인에서 매일매일 그날 읽은 책의 목록을 올리는 자기와의 약속을 지키는 프로그램인데 이제는 생활이 되어버려 모임이라는 말 자체가 어색하다. 어제는 코로나 이후 처음 오프 송년회가 있었다. 늘 톡으로만 만나고 (사실 댓글도 거의 없이 혼자 인증하지만) 가끔 온라인 번개를 해서 일부는 줌으로 얼굴을 익히기도 했지만 대면은 정말 오랜만이고 그간 멤버도 많이 교체가 되어 새로웠다. 처음 얼굴을 대하는 설렘과 오랜 친구를 만나는 느낌이 교차되는 모임이다.

연속되는 맹추위 속에서 여섯 명이 모였다. 처음 보는 얼굴에 문을 열고 들어올 때마다 수줍은 발걸음이 이어졌다. 텐션이 높은 리더는 몇 명 안 되는 모임에서도 고텐션을 유지해 북적이게 했고, 각자 올 한 해 읽은 책 중 베스트를 선정해 소개하고 추천하는 시간이 있었다. 하나씩 받아 적다 보니 그러잖아도 길게 늘어선 읽어야 할 책의 목록이 또다시 길어졌다. 읽을 책 목록이 길어질수록 행복해지는 이것도 병이긴 하다. 가끔은 책 목록에 깔려 죽을 것 같다고 아우성

하면서도 읽기도 전에 뿌듯해하고 있으니 말이다.

오늘의 준비물은 각자가 소장한 책 중 하나를 포장해오기였다. 제비뽑기로 책을 고르고 서로의 사는 얘기를 했다. 준비해온 책 선물 중 헤르만 헷세의 《싯타르타》를 두 사람이나 준비해 왔으니 이런 우연이 있나. 비록 내게 차례가 오지는 않았지만 평소 읽어보려 했던 책인데 두 사람이나 추천을 하니 꼭 읽어봐야겠다 싶어져 목록의 앞 순위에 올려놓는다. 이제 아이가 세 살이라는 젊은 워킹맘은 육아로 회사를 그만둬야 하는지 계속 고민 중이었다. 그렇게 힘든 와중에도 그림책 모임이며 읽기 모임을 꾸준히 하고 있는 그녀가 참 단단해 보였다. 새해 선물이라며 준비한 독서노트를 나누어주는 그녀는 마음이 참 넉넉한 사람인가 보다.

문득 영화 〈패터슨〉이 생각났다. 그간 써놓은 시를 모두 상실한 패터슨에게 일본인이 선물한 백지 노트는 새로 시작하라는 의미다. 이 젊은 워킹맘도 새해를 준비하는 마음으로 작은 노트를 준비했나 보다. 백지로 시작하는 새해. 마침표가 있다는 건 참 다행인 일이다. 마침표는 뭔가를 종료한다는 의미다. 그간 힘들었던 것도, 잘못했던 것도, 후회스러운 것도 모두 12월 31일이라는 마침표로 정리가 된다. 뭔가를 끝낸다는 건 새로 시작한다는 것과 같은 의미이고 새로 시작한다는 건 꿈과 희망을 모두 끌어안은 말이다.

올해도 참 열심히 놀았다.

엄마는 오늘도 열심히 노는 중입니다

내년에도 풍성히 놀거리를 찾아야지.

　제주살이로 유명한 이왈종 화백의 그림에는 삶에 대한 노화백의 지혜가 빼곡히 들어있다. 가족끼리의 화목과 새들이 지저귀듯 행복하게 살 것과 그럴 수 있는 게 인생이라며 과거의 잘못에 매이지 말고 북 치듯 신명 나게 지금을 살아가라는 메시지가 가득하다. 그래서 그의 그림은 늘 화사한 꽃이 가득 피어 있다. 내가 전에 무엇을 했던, 어떻게 살았던 게 중요한 게 아니라 지금 열심히 즐기고 놀라는 노화백의 가르침이 와닿는다. 노년에 도달해보니 인생 별거 없더라는, 하고 싶은 거 하며 열심히 살라는 목소리가 들리는 듯하다. 직장 선배 중에 늘 건배사로 "인생 뭐 있어!"를 외치는 분이 계셨다. 이왈종 화백의 그림을 볼 때면 그 건배사가 늘 떠오른다. 인생 뭐 있어. 이렇게 저렇게 즐기고 사는 거지.

　엄마는 올해도 열심히 놀았고 내년도 열심히 놀 거야.
　그래, 이렇게 신나는 게 인생이야!

소소하고 무탈한
하루에서
행복을 느낀다

애니메이션 영화 〈소울(soul)〉은 사고로 인해 태어나기 전의 세상으로 돌아간 재즈 연주자 조와 소울계의 문제아 22의 우정과 삶의 의미를 찾아가는 이야기다. 22는 지구로 내려가는 대기 번호인데 그는 1억 번이 지나가도록 아직 지구로 내려가지를 못했다. 간디도, 마더 테레사도 포기한 그의 문제는 삶에 대한 불꽃이 없다는 거였다. 하지만 22은 지구에서 '조'로 대신 살아본 단 하루로 삶에 대한 긍정적인 생각을 하기 시작했다.

무기력한 그가 삶의 매력을 느낀 건 아주 소소한 것들에서였다. 맛있는 피자를 먹을 때, 조의 엄마가 양복을 꿰매주는 모습을 보았을 때, 이발사 데즈가 준 사탕을 먹으며 사람들과 이야기를 나눌 때, 나뭇잎 사이로 반짝이는 햇살이 내리쬐일 때, 바람에 날아온 낙엽이 살

엄마는 오늘도 열심히 노는 중입니다

포시 그의 손에 앉았을 때 22는 처음으로 삶의 불꽃을 찾아보고 싶다는 의욕이 생겼다. 먹다 남은 피자, 실, 사탕, 빵, 나뭇잎은 그가 잠시 머무르는 동안 수집한 것들이었다.

지구에 돌아온 조 또한 22가 남기고 간 것들을 피아노 위에 올려놓고 여러 가지 생각에 잠긴다. 어릴 때 엄마가 시켜주던 목욕, 아빠와 처음 재즈 공연을 보던 날의 감동, 가족과 함께 타던 자전거의 추억, 하늘에 퍼지던 불꽃놀이의 기억… 그 순간을 떠올리자 자신도 모르게 눈물이 흘렀다. 그동안 잊고 살았던 행복했던 기억들이었다.

> 장미 꽃잎의 빗방울과 고양이들의 작은 수염
> 밝게 빛나는 금속의 솥과 따뜻한 털 벙어리장갑
> 초인종들과 종들, 그리고 국수와 같이 있는 송아지커틀렛
> 내 코와 눈썹에 머무르는 눈송이들
> 봄으로 녹아가는 하얀 은빛의 겨울들

영화 〈사운드 오브 뮤직(sound of music)〉의 삽입곡, 〈My Favorite Things〉 가사의 일부이다. 이 노래를 들을 때면 우울하던 기분이 좋아지곤 한다. 특히 '슬플 때 내가 좋아하는 것을 생각하면 행복해진다'는 마리아의 말이 가슴에 남는다. 여기서 내가 좋아하는 건 특별한 것들이 아니다. 일상생활, 주변 환경에서 쉽게 보고 얻을 수 있는 것들이다. 이를 바라보는 시선이 고우면 사물이 다 곱게 느껴진다.

나이가 들면서 행복이란 별천지 어딘가에 있는 것이 아님을 깨닫는다. 내가 기분이 좋고 행복하다고 느낄 때는 언제일까?

밤새 뒤척이지 않고 편안한 잠을 자고 일어나
기분 좋게 하루를 시작할 때
소소한 일상에서 무탈하게 하루를 보내고
감사함으로 마무리할 때
나는 행복을 느낀다.

아침 출근길, 오랜만에 꺼내 신은 구두 때문인지 엄지발가락이 아팠다. 막 떠난 지하철을 아쉬워하며 아픈 발을 쳐다보다 비비안 마이어의 사진이 떠올랐다. 흘러내린 스타킹을 정리하는데 여성 바로 옆에 올이 굵게 나간 스타킹을 신은 여인이 무심히 서 있는 대조적인 모습에 저절로 웃음이 나온다. 작가는 어떻게 이런 순간을 포착했을까. 비비안 마이어의 눈에 들어온 사람들은 길가 의자에 앉아 한 손에 시가를 들고 먼 곳을 응시하는 남자, 유리창 너머 카페 안에서 신문을 보고 있는 남자 등 정말 평범한 사람들이다. 그런 평범함이 그에게는 작품이 된다.

평범한 일상에서 소재를 얻는 예민함이 모든 작가에게는 가장 기본적인 필요 요소가 아닌가 싶다. 스타킹을 올리는 행위가, 올이 풀린 스타킹이, 신문을 읽는 일이 사진을 찍을 만큼 근사하거나 관심이

엄마는 오늘도 열심히 노는 중입니다

갈 일은 아니지 않은가. 그런 순간을 포착하는 눈은 사소한 것에도 관심을 갖고 피사체에 대한 애정이 전제되어야 가능하다. 평생을 카메라를 메고 거리를 헤맨 비비안은 그런 마음으로 사람을 대하고 들여다보았기에 사소한 행위의 순간을 기록으로 남길 수 있었지 않았을까. 그녀의 사진에는 작가의 행복한 미소와 따뜻한 시선이 담겨 있어 여전히 많은 사람들의 사랑을 받는 것 같다.

우리가 살면서 느끼는 행복은 이렇게 작은 일들에서다. 아장아장 걷는 아이의 걸음걸이. 놀이터에서 들리는 아이들의 해맑은 웃음소리. 몇 년 만에 걸려온 지인의 안부 전화 한 통. 아침나절 포근한 햇살이 내리쬐는 통유리창 카페에서 차 한 잔을 마실 수 있는 여유. 생각만으로도 나를 행복하게 하는 일들이다. 그렇게 우리는 소소한 것에서 삶의 기쁨을 얻는다.

지나가다 우연히 아주 작은 야생화 한 송이를 보았다. 그 꽃은 내가 쳐다보기 전부터 거기에 있었을 터인데 나와 눈이 마주친 순간, 비로소 내 마음속으로 들어왔다. 항상 그 자리에 있었다고 누구나가 보는 것도, 아는 것도 아니다. 소소한 것의 의미를 찾기 위해서는 소소한 것을 발견해내는 섬세함과 사물을 살펴보고 그 변화를 꿰는 예민함이 필요하다. 그 바탕에는 관심이 있어야 하고 그 관심은 곧 애정을 말한다.

알랭 드 보통은 우리를 불행에 빠뜨리는 원인 중 하나는 우리 주위에 늘 있는 것을 알아차리지 못하는 데 있으며 우리는 눈앞에 있는 것의 가치를 보지 못해 고생하고 매혹적인 것은 다른 곳에 있다고 상상하면서 종종 엉뚱한 갈망을 품는다고 말한다(알랭 드 보통, 《영혼의 미술관》). 이제 비비안 마이어가 카메라 하나를 들고 거리에서 만난 주변 사람들에게 애정을 갖고 소소한 행복을 발견했듯이 예민함을 장착하고 사소한 것에서의 행복을 찾아야겠다.

길을 걷다가
스쳐가는 사람들을 보다가
함께 수다를 떨다가
그렇게 아주 소소한 것들에 관심을 갖고
행복 찾기를 해보자.
행복을 멀리 있는 게 아니더라.

엄마는 오늘도 열심히 노는 중입니다

아는 만큼
맛있어지는 여행

해마다 이맘때면 책 모임을 함께하는 사람들과 하루 나들이를 한다. 멤버들이 붙여준, 믿고 가는 MK, 미경투어다. 갑신정변길을 시작으로 매년 하는 행사 아닌 행사다. 올해는 인천부심으로 인천 개항장으로 초대했다. 작년에 정동야행을 가서 감동하는 걸 보며 정동보다 최초가 더 많은 인천으로 오라고 얘기했던 터였다. 인천 사람인 나와 달리 서울에서 온 사람들은 어디 춘천이나 양평을 가는 마음으로 나들잇길을 나선 모양이다. 너무 다른 온도 차를 새삼 느꼈다. 언제나 그렇듯 아주 작은 일에도 돌고래 비명을 지르며 즐거워하는 사람들이다.

한 시간 이상 걸려서 온 길이라 사람들이 줄서기 전 차이나타운 초입에서 이른 점심부터 시작했다. 평범한 탕수육과 양장피에도 맛집이라며 사진을 찍어대며 맛있다고 연발하는 사람들에 공연히 같이 들썩이며 기분이 업된다. 중국집이 음식 맛집이라면 이들은 리액션의 맛집이다. 짜장면 박물관과 제물진 순교성지를 시작으로 근대문학관에 들렀다. 다들 책을 좋아하는 사람들이라 관심들이 많다. 여기저기 예쁘다며 책을 들고 앉아 인증샷을 찍는데 사진이 제법 그럴 듯하다. 문학관 벽에 적힌 박인환 시인의 〈세월이 가면〉을 읽으며 누군가가 흥얼거리기 시작한 노래에 다들 함께 시를 읽으며 작게 노래를 웅얼거렸다. 다시 읽어도 참 고운 시, 멋진 감성, 시인은 낭만 천재다.

인천은 서울의 진입통로라는 지역적인 특성으로 한국 최초라는 수식어를 다는 것들이 참 많다. 최초의 공원, 최초의 호텔, 최초의 야구, 최초의 교회, 최초의 성공회, 그 외에도 축구, 쫄면, 사이다, 담배, 염전, 기상대, 짜장면 등등 최초라는 말이 붙는 경우가 참 많다. 그러나 이런 일들을 아는 사람은 정작 얼마 되지 않는다.

손탁호텔은 알아도 대불호텔은 모르고, 정동교회는 알아도 내리교회는 아는 이가 별로 없다. 경인철도가 생기기 전 인천은 서울로 가는 유일한 길이었다. 배로 온 외국인들이 서울을 가려면 하루를 묵어야 하기에 자연스레 호텔이 생겼으니 바로 일본인이 주인인 대불호텔이다. 선교사와 여행가들은 한국에 온 기록들을 많이 남겼는데 거기에 대불호텔에 대한 언급이 있다 해서 최초의 호텔로 공인이 되었다. 복원해놓은 대불호텔의 객실은 엔틱가구로 고풍스럽고 고급지다. 그럼에도 기록에는 벽에서 비가 줄줄 샜다고 하니 믿을 수 없

엄마는 오늘도 열심히 노는 중입니다

는 일이기도 하다. 호텔의 운명은 기구했다. 1년 만에 철도가 생기면서 인천에서 굳이 묵을 이유가 없어졌다. 여행객들이 자연스레 서울에 가서 짐을 풀게 되면서 호텔은 문을 닫게 되었고 잠시 청요리집이 되었다가 자연스레 없어졌다. 이렇게 복원이 된 것도 최근이다. 내가 어릴 적, 아니 내가 근처 사무실에서 근무할 때도 대불호텔 전시관은 없었다.

스러진 역사들이 이렇게 하나둘 고증되고 복원되어
의미를 찾아감이 반갑다.

책을 좋아하는 일행들은 자연스레 다음번 책을 강화길 작가의《대불호텔의 유령》으로 정했다. 마침 읽으려고 했던 책이라 반가운 마음에 적극 동의를 한다. 이렇게 취미가 맞는 사람들의 모임은 정말 좋다. 한마디를 하면 이어서 척척 호흡이 맞는다.

일본영사관 자리였던 현재의 중구청을 중심으로 그 위쪽으로는 외국인의 저택이 많았다. 나는 사람들에게 개항장에 오면 저 아래가 모두 바다였다고 상상을 하며 투어를 하라고 한다. 그러면 얼마나 좋은 위치에 외국인들의 집이 있었는지, 그 아래 있던 초가집의 조선인들에게 높은 곳에 있던 외국인의 양옥은 얼마나 대단해 보였는지를 조금이나 실감할 수 있다. 과거 일본인의 집이었다가 꽤 오랜 시간

시장관사로 쓰였던 건물이 이제는 '시민애(愛)집'으로 시민들에게 개방이 되고 있다. 그 옆의 유명한 김수근 건축가가 설계한 '이음 1977' 집과 더불어 멋진 뷰를 가진 집들이다.

우리 가족과 사무실 직원들을 포함해 꽤 많은 사람들에게 이 집을 소개하면 다들 뷰에 깜짝 놀란다. 지금도 멀리 보이는 바다가 그때는 얼마나 가까웠을까. 자유공원 일대는 조계지였다. 현재의 공자상 계단을 중심으로 청나라 조계지와 일본 조계지로 나뉘었다. 지금의 화교학교는 당시 청나라 영사관이었고, 현재의 중구청을 중심으로 한 일본 조계지는 세관거리 위에 위치한 연유로 금융가였다. 현재도 돌로 지어진 당시의 은행 건물 여러 채가 남아 건축박물관 등으로 활용되고 있다.

김구 거리와 성공회를 거쳐 김금희 작가의 〈경애의 마음〉의 배경지를 찾았다. 〈경애의 마음〉은 인현동 화재사건을 배경으로 하고 있어 동인천 호프골목을 거쳐 화재 희생자 추모지를 찾아가는 모두의 마음이 전과는 또 다르다. 책을 읽고 난 다음이기도 하고 이태원 추모집회가 있는 때이기도 하고 마침 내일이 화재사건이 있던 날이기도 해서 더 그런 듯하다. 내일 추모일을 맞아 미리 다녀간 사람들이 놓고 간 흰색 국화가 놓여 있었다. 부모님이시겠지. 그때 학생들이었던 이들이 서른 언저리가 되었으니 부모님들도 나이가 드셨을 게다. 그리고 세월이 더 흘러 부모님마저 가시면 그때는 이런 국화를 놓아

엄마는 오늘도 열심히 노는 중입니다

주는 사람도 없겠지, 생각하니 마음이 아렸다.

김금희 작가의 책을 읽지 않았더라면 이런 애잔한 마음이 덜 했을지도 모른다. 어쩌면 작가의 역할은, 문학의 힘은 이렇게 역사를 전하고 깨닫고 공감하게 하는 게 아닐까. 위화가 《사람의 목소리는 빛보다 멀리간다》라는 책으로 중국의 현실을 공감하게 하듯이 우리는 책이라는 매체를 통해 이십 년도 넘은 일을 기억하고 추모하게 된다.

일행 중 한 분이 인천은 차이나타운만 여러 번 와봤는데 바로 옆에 이렇게 많은 이야기가 숨어 있는지 몰랐다는 애기를 했다. 그러자 다들 인천이 이렇게 최초와 역사가 많은지 몰랐다며 새로운 인천을 봤다고 이구동성으로 이야기한다. 말을 하면서 걷는 2만 보가 쉽진 않았지만 하루의 피곤이 가시는 듯했다. 종일 길 안내한 보람을 느끼는 순간이다.

아는 만큼 보이듯 아는 만큼 맛이 있다.
여행은 그런 맛에 하는 거다.

멋진 마무리를 준비하는
당신에게

Part 5

거정하지마,
우린 나이 드는 게 아니라
익어가는 거야

노는 데
내일은 없다

언제부턴가 어느 모임을 가도 '왕언니'다. 낯선 모임을 가게 될 때면 나도 모르게 나보다 나이 많은 사람이 딱 한 사람만 있으면 좋겠다는 마음으로 사람들을 스캔하게 된다. 그래도 변함없이 왕언니다. 늘 반복되는 일이다 보니 이젠 그러려니 하며 마음이 비워진다. 그런데 깜짝 놀랄 일이 있었다. 남편의 환갑을 맞아 튀르키예 여행을 갔다. 땅이 넓어 이동거리가 많을 때는 패키지가 낫더라는 나의 지론에 따라 패키지여행을 하기로 했다.

22명의 성인들이 모였는데 점심시간에 앞에 앉은 분이 나를 보고 "애기엄마!"라고 하기에 나를 부르는 게 아닌 줄 알았다. 아이가 어릴 때도 이런 호칭으로 불려 본 일이 없는 나는 적잖이 당황스러웠다. 가이드가 와서 슬그머니 말한다. "막내세요." 내가 막내고 환갑 맞은 남편이 바로 위란다. 늦은 나이에 입사한 덕에 대학 이후 직장

엄마는 오늘도 열심히 노는 중입니다

생활을 할 때도 막내였던 기억이 별로 없다. 남편이 툭 치며 작은 소리로 말했다. "좋겠네. 막내라네." 지금 나이에 막내라니, 이런 경우를 좋아해야 하는 건지 당황스러웠다. 최고 연령자는 78세였고 평균 연령이 66세 정도 되었나 보다. 그럼에도 이런 강행군 여행을 참 잘 하시고 즐기신다. 어느 여행이나 걷기는 기본이라 튀르키예도 예외는 아니었다. 하루 1만 5,000보에서 많으면 2만 보도 걷는데 어르신들이 힘들다는 말도 없이 앞장서서 참 잘 걸으신다.

안탈랴의 유람선에서 한 어르신이 육십이 넘으면 시간이 어떻게 갔는지도 모르게 훅 나이를 먹게 되더라며 지금이 좋을 때니 열심히 놀라고 한숨 반 부러움 반을 섞어 말씀하셨다. 늘 내 나이의 무게에 짓눌린다고 생각하던 나는 적잖은 충격을 받았다. 지금이 좋을 때라는 말에 이견은 없으나 지금이 젊을 때라는 생각은 안 했던 것 같아서였다. "그래, 오늘이 가장 젊은 날이야!" 그 흔해서 진부한 말이 가슴으로 다가오는 순간이었다.

가끔 마흔을 갓 넘긴 직원들이 나이를 먹었더니 힘들다며 나이 먹은 티를 낼 때가 많은데 이분들이 보기에 나도 그런 걸까 하는 생각이 들었다. 내가 보기에 직원들은 한창 고울 때고 무엇이든 해도 될 것 같아 부러움이 반쯤은 섞인 시선으로 보던 그 기분을 어르신들은 환갑이 다된 나를 보면서도 느끼시는 걸까. 어르신은 애들 키우고 일하다 보니 어느새 나이를 먹었다며 못내 아쉬움을 감추지 못했다. 지금이라도 열심히 놀고 해외도 나가려 하는데 남편이 폐암 진단을 받아 도시 생활을 접고 시골로 들어가 살다 5년이 지나 괜찮다는 의사의 진단을 받고 이제 여행을 오셨다고 했다.

그분이 내게 젊을 때 열심히 다니고 놀라고 하시는 말씀은
지난 세월에 대한 아쉬움과 회한에서 나온
진심에서 우러난 말들이었다.
문득 우리에게 보장된 내일은 없다는 생각이 들었다.

평생 회사가 우선이었던 남편도 마찬가지였다. 산티아고 순례가 로망이었던 남편은 퇴직하면 맨 먼저 산티아고를 가겠노라며 산을 오르며 걷기 연습을 매진하던 중이었다. 어느 날 발바닥이 아프다며 병원에 갔다가 족저근막염 진단을 받았다. 시간과 건강이 늘 허락되는 건 아니다. 젊을 땐 시간이 있어도 돈이 없었고, 아이가 있을 땐 시간에 쫓겨 살고, 나이를 먹으니 건강이 여의치 않아진다. 오늘 없는 시간이 내일은 있으라는 법도 없고 지금 없는 돈이 내일은 생긴다는 보장도 없다. 특히 건강은 장담할 수가 없다. 다행히 튀르키예는 근막염용 신발 깔창을 사서 깔고 별 무리 없이 걸어 다녔지만 산티아고는 접어야 할 것 같다.

유럽은 화장실이 문제라 가이더가 적정 시간을 계산해 주유소 등

에서 쉬면서 화장실 가는 시간을 만들어주는데 단톡에 다음 화장실은 언제 가냐는 문자를 자주 보내는 분이 있었다. 나중에 보니 남편 퇴직기념으로 첫 해외여행을 나온 부부의 아내분이었다. 난생처음 나온 해외에서 화려한 성당과 예쁜 집들을 보며 무한 감동을 외치던 아내분은 방광염으로 고생 중이었다. 그러니 버스로 이동하는 내내 화장실이 문제가 되었던 것 같다. 얼마나 힘들었을까. 게다가 관절이 안 좋아 많이 걷지를 못했다. 나와 비슷한 연배였는데 참 딱한 상황이었다. 여행을 마치던 날 남편분이 이제는 아이도 다 크고, 정년도 했으니 일 년에 한 번씩 나오자고 아내와 약속을 했는데 막상 여행을 오니 너무 좋아하면서도 잘 걷지 못하는 아내를 보니 많이 아쉽다고 했다. 진작 나올걸. 돈과 시간과 건강 모두가 허락되는 날을 기다리지만 그런 날은 정말 드물다.

이어령 교수는 《마지막 수업》에서 일평생 남이 시키는 일만 하다가 처자식 먹여 살리고, 죽을 때 되면 응급실에서 유언 한마디 못 하고 사라지는 삶… 그게 인생이라면 너무 서글프지 않냐며 한순간을 살아도 자기 무늬를 살라고 당부한다. 장례를 가면 일만 하다 놀아보지도 못하고 갔다며 고인을 불쌍히 여기는 말을 하는 경우를 종종 본다. 보장되지 않은 내일을 위해 오늘을 저당 잡히는 행위는 참 미련한 거다. 노는 것도 때가 있는데 차일피일 미루면 내 몸의 노화가 때보다 훨씬 빠르게 앞에 와 있다. 노는 데 내일은 없다.

한 어르신께서 하신 말씀이 떠오른다. 보기에도 여리여리하신 그분은 오기 전까지도 병원에 다니다 약을 처방받아 왔다며 "여행은 새로운 걸 보잖아요. 그러니 약을 지어서라도 와야죠."라고 말씀하셨다. 여행은 경험을 사는 거다. 어쩌면 그분의 말씀은 여행에 대한 가장 적절한 정의가 아닐까. 새로운 것에 대한 기대와 새로운 곳에서의 경험. 그게 여행이다. 새로운 것을 보고 겪는 일이 비단 여행뿐이겠는가? 뭔가를 새로 시작하고 도전해보는 것. 새로운 일에 대한 설렘. 그런 일들이 모두 삶의 에너지가 되고 탄력 있는 삶을 만든다.

우리에게 내일은 없다. 지금 여기만 있을 뿐.
카르페 디엠(Carpe diem)! 오늘을 즐기자.

엄마는 오늘도 열심히 노는 중입니다

사랑하는 이를
진정으로
추모하는 방법

고모가 돌아가시고 2년 반. 고모네 오빠, 즉 내게는 고종사촌인 오빠 내외가 우리 부모님께 저녁을 함께 하자며 송도 신도시 한정식집을 예약했다. 오빠네 내외와 부모님, 막냇동생과 내가 참석한 자리였다. 고모가 돌아가신 후 첫 만남이라 화제는 당연히 고모 얘기로 돌아갔다. 아버지는 누나인 고모를 엄청 사랑했다. 옆에서 보기에는 지독히 이기적이고 사나운 분인데 유독 아빠의 평가는 달랐다. 누구나 인정하는 미인이고 음식 솜씨가 좋았다는 점을 아빠는 가장 자랑스러워했다. 얼마나 남성 중심의 판단 기준인가 싶지만 고인을 좋게 추억한다는 건 좋은 일이다.

오빠도 벌써 환갑을 훌쩍 넘어 머리가 하얗다. 결혼한다고 언니와 함께 인사를 왔을 때 미술을 전공한 언니는 정말 근사했다. 밝은 색

모직코트 위에 한 톤 죽은 오렌지빛 목도리를 무릎 아래까지 내려뜨린 언니는 말도 조용조용했다. 그 언니도 환갑이 넘었다. 언니는 여전히 맑은 피부톤에 우아하게 나이 들어가고 있었다. 오빠는 지독한 효자였다. 고모와 고모부 병수발부터 경제적인 부분까지 막내아들인 오빠가 도맡아 감당을 했다.

지금 오빠와 언니는 제사 문제로 부딪히는 중이었다. 고모가 살아계실 때도 언니는 고모가 돌아가시면 삼년상 이후에는 성당에서 위령미사로 지내고 싶다고 했는데 그 삼 년이 다가오면서 의견이 좀 다른 것 같았다. 오빠는 맏이인 나를 유난히 고와했다. 제사 때가 되면 눈치가 보인다는 말을 조심스레 꺼내는 오빠의 눈빛에는 '내게 제발 공감을 부탁한다'라는 말이 담겨 있었다. 언니는 삼년상을 치르면 성당에서 모시고 싶다고 말을 하는데 오빠는 불만인 듯해 보였다. 나는 얼마 전 읽은 정세랑의 《시선으로부터,》를 얘기했다. 책을 읽으며 제사 방식에 대해 많은 생각이 들던 터였다.

《시선으로부터,》는 심시선 여사의 10주기 제사를 지내기 위해 자녀들이 그녀가 살았던 하와이에 모여 엄마를 추억하는 얘기로 심시선으로부터 시작되는 모계 삼대 이야기를 담았다. 시대를 앞서간 여성 심시선의 말과 글, 그림 속에서 단단해진 자녀들은 세상의 시선으로부터 당당하게 살아간다. 소설의 제목 '시선'은 주인공의 이름이기도 하고 누군가를 바라보는 눈길이기도 하며 바라보는 사람은 나이

엄마는 오늘도 열심히 노는 중입니다

기도 남이기도 해서 여러 가지 의미로 다가온다. 특히 ','는 자유, 메시지, 희망 등 이후에 이어질 다양한 뒷말을 생각하게 한다.

"본인 사후에도 제사를 거부하실 건가요?"로 시작되는 이 소설은 첫 시작부터 기성문화에 대한 강한 도전장을 내민다. 심시선 여사의 답은 "죽은 사람을 위해 상다리 부러지게 차려봤자 뭐 하겠습니까?" "형식만 남고 마음이 사라지면 고생일 뿐입니다. 그것도 순전 여자들에게만."이라고 여성을 대변하며 자신은 사후에 절대 제사를 지내지 말라고 큰딸에게 당부했다고 대답한다. 인터뷰를 하던 사회자는 "몹쓸 언행은 골라서 다한다."며 내놓고 못마땅함을 드러내는데 이는 전통 제사를 거부하는 것도 큰일이지만 아들이 아닌 딸에게 당부했다는 점에서도 기존 사회의식에 반한다는 불만이다.

《시선으로부터,》는 이런 제사 문화에 정면으로 도전을 하고 대안을 제시한다. 심시선 여사는 당신이 죽으면 제사를 하지 말라고 딸에게 당부하지만 엄마를 보낸 지 10년이 되는 해, 딸은 엄마의 10주기 제사를 지내기로 하는데 그 방법이 신선하다. 심시선 여사가 마지막 사진 신부로 잠시 살았던 하와이에서 가족들 각자가 엄마이자 장모이자 할머니인 심시선 여사를 추모할 것을 하나씩 가지고 와서 진설하는 것으로 제사를 대신하기로 한다. 커피, 하와이 해변의 거품 등 식구들은 각자의 추억을 모아 제사를 준비하는데 심시선 여사에 대한 추억의 조각들을 맞추어가며 고인을 추모한다.

그 과정에서 고인은 더 이상 죽은 자가 아니라
보이지 않지만 옆에 같이 있는 사람이 되어간다.
진정한 제사는 이런 의미가 아닐까.

장을 보고 음식을 하느라 애쓰고도 먹을 게 없어 실제 먹을 것은
따로 준비해야 하는 불합리함과 진설하고 몇 번 절하고 끝내는 형식
적인 것 말고 고인과의 추억을 꺼내고 각자의 에피소드를 말하며 고
인을 생각하며 웃기도 하고 울기도 하고 후회도 하고 고마워도 하는
그런 시간이 진정한 제사가 아닐까 싶다. 제사가 끝나고 나면 밤, 대
추 등 반찬도 안 되고 밥에 넣어 해먹어야지 하다가 잊힌 채 검은 봉
지에 꽁꽁 싸여 냉장고에서 말라가는 것들이 꽤 된다. 좀 더 실질적
인 것으로, 제사가 끝나면 식구들 밥이라도 제대로 먹을 수 있게 제
사 음식도 현실적으로 바뀌어야 한다. 형식에서 벗어나 진정한 제사
가 무엇인지를 한번 생각해봤으면 한다.

정세랑의 제사법은 내가 생각했던 딱 그 방법이다. 이제는 일(事)
를 쓰는 제사가 아니라 추모를 생각하고 그 방법을 고민할 때인 것 같
다며 심시선의 제사처럼 부모님을 기억할 수 있는 물건을 하나씩 들
고서 부모님과 함께 갔던 곳을 같이 갔던 곳을 함께 여행하며 추억을
회상하는 방법은 어떻겠냐고 했다. 모두 공감하는 분위기였다. 특히
엄마는 '맞아, 맞아'를 연발하고 막내는 연신 끄덕끄덕한다. 사고방식
이 바뀌고 맞벌이가 늘어나고 음식문화도 바뀐 지금 전통을 고수하는

것만 방법은 아니지 않을까.

  사랑했던 사람이 내가 떠난 후 나를 어떻게 기억해주면 좋을까 생각해보면 나를 위해 상을 차리며 가족의 일상을 성가시게 하거나, 혹내가 너무 그리워 슬퍼하거나 힘든 마음으로 나를 추모하게 하고 싶지는 않다. 내 삶이 그들에게 조금은 의미 있었고, 그리고 함께였을때 충분히 나누었음을 감사하는 정도의 고마운 기억으로 나를 떠올려주면 그걸로 족하다. 그러다 시간이 흐르고 이젠 내 얘기를 하며살며시 미소 지을 정도의 그리움만 남아도 좋다. 아니, 그러다 아주잊힌다 해도 괜찮을 것 같다.

  이렇게 생각해보니 살아 있음이 더욱 귀해진다. 내가 사라지고 나면 모두가 나로부터 자유로워졌으면 좋겠다. 대신 살아 있는 동안 많이 부대끼며 더 많이 사랑하는 편이 좋겠다. 사랑하는 이를 추모하는방법은 그리움에 대한 짧은 기도와 미소면 충분하다.

  우리가 그들을 얼마나 사랑하고 좋아했는지,

  그리고 우리는 얼마나 귀한 인연이었는지는

  이미 우리의 영혼에 다 새겨 있을 테니까.

평범하다고
무한을 향해
달리지 말라는 법이 있나

대부분의 독서가가 그렇듯 책을 읽은 후 발췌를 정리하는 건 꽤 오래된 습관이다. 포스트잇은 책을 읽을 때 꼭 필요한 아이템이다. 다닥다닥 붙인 포스트잇을 따라 발췌한 내용을 컴퓨터에 옮긴다. 발췌는 대부분 A4 3매를 넘길 때가 많은데 그중에서도 발췌가 불가한 책들이 있다. 발췌를 하다 보면 한 페이지를 몽땅 옮겨야 해서 중간에 발췌를 포기하게 되는 경우인데 박경리의 《토지》가 그렇고 아니 에르노나 레베케 솔닛의 글은 통필사의 욕구를 자극한다. 박경리 작가의 긴 호흡은 물결처럼 흘러가 어디서 끊기가 어렵고, 아니 에르노와 레베카 솔닛의 글은 간결하고 깔끔하지만 자체로 문장이 빛난다.

최근에는 최은영 작가와 권여선 작가의 보석 같은 단편소설들을 통필사하고 싶어졌다. 우주 저 멀리서 혹은 훌쩍 달려간 미래에서 현

엄마는 오늘도 열심히 노는 중입니다

재를 바라보는 듯한 글이 감정을 걷어내도 울컥울컥 목울음을 일으
킨다. 카렐 차페크의 《평범한 인생》도 그렇다. 네 번째 완독. 읽을수
록 깊은 책이다. 여기저기 빽빽하게 포스트잇을 붙이고 지난번 발췌
에 또 추가를 한다.

철도공무원으로 퇴직한 주인공은 어느 날 폐결핵이 걸려 혈토를
한 이후 담담히 삶을 되돌아보며 자신의 삶에 대한 글을 쓰기 시작했
다. 역장으로 욕심 없이 성실히 살았다고 자부했지만 막상 자신을 들
여다보니 평범함을 추구했던 자아 외에도, 승진 등 세상 속에서 억척
스럽게 살고 싶었던 자아, 남들은 모르는 우울함으로 가득했던 자아
의 모습을 발견했다.

글을 쓰는 일은 이렇게 자신 속에 깊숙하게 들어가
객관적인 나를 만나 직면하게 하는 걸까.

책을 읽다가 에곤 쉴레의 〈이중 자화상〉을 떠올렸다. 세상에서 소
외당하고 분노로 가득한 나를 꼬옥 끌어안고 슬픈 눈으로 위로하는
또 다른 자아가 있는 그림이다. 내 안에 내가 너무 많아… 내가 누구
를 만나는가, 내가 지금 어떤 역할을 하는가에 따라 나의 모습은 여
러 모양으로 변신을 한다. 친구를 만날 때, 글을 쓸 때, 심지어 시댁
과 친정식구를 만날 때도 다르고 직장과 가정에서의 모습 또한 다르
다. 하지만 그 모습들을 모두 내가 아니라고, 가면이라고 할 수 있을

에곤 쉴레의 〈이중 자화상〉

까. 어디선가 상처를 받고 힘들어하는 나의 자아를 글 쓰는 자아가
'세상 다 그런 거야.'라며 위로하듯 차페크는 자신의 여러 모습의 자
아를 만나 위로하고 그럴 수밖에 없었다고 다독거린다.

차페크는 인생의 항로는 습관과 우연이라는 두 개의 힘으로 진행
된다고 말한다. 습관이라 함은 살아온 방식을 말하고 우연이란 필연
과 같은 말이 아닐까. 살아온 방식이 만들어낸 인연과 기회가 우연으
로 가장한 필연의 모습이 아닌가 하는 생각에서다. 삶에 있어 우연의
뒷모습은 필연이다. 결국 인생이란 내가 살아온 방식에 따라 귀인도

엄마는 오늘도 열심히 노는 중입니다

만나고 기회도 만나고 그렇게 삶은 흘러간다. 그런 의미에서 차페크의 말에는 크게 공감을 한다.

승진준비를 할 때 교육학 강사가 시험은 그가 살아온, 시험을 준비한 기간을 보낸 자세를 평가하는 것이라고 했던 말이 기억난다. 세월이 지날수록 그 말에 박수를 보낸다. 시험은 지식의 평가가 아니라 내가 얼마나 성실하게 준비를 하고 평가자와 소통하는가를 평가하는 거라는 말의 깊은 의미를 시험을 치르고 나서야 깨달았다.

출제자가 어떻게 함정을 팠을까 머리를 쓰며 두어 번 꼬아서 문제를 푸는 사람이 있었다. 강의를 할 만큼 아는 게 많았지만 계속해서 시험에 실패하는 그는 시험을 대하는 자세에 문제가 있었다. 같이 근무를 하면서 일상 생활에서도 비슷하게 생각하고 행동하는 모습을 보면서 삶의 자세대로 문제도 푸나보다 생각이 들었다. 이런 얄팍한 이유만으로 공감하는 건 아니지만, 평가란 시험을 준비하면서 임하는 성실과 겸손에 대한 평가라는 말에 격한 공감을 한다. 그리고 평가란 비단 지필고사만을 의미하는 게 아니라 사람과 삶에 대한 평가를 모두 포함하는 말이기 때문이다.

차페크는 세상 끝에 있는 마지막 역을 생각한다. 이제는 더 이상 어떤 모험을 좇아 길을 떠나지 않으리라 다짐하며 대신, 무한대를 향해 곧바로 달려가겠다고 한다. 밤이 되어 빨간 등과 녹색 신호등이 켜진 역에는 마지막 열차가 서 있고 그것은 국제선이 아니라 어느 역에서나 멈춰 서는 아주 평범한 완행열차다. 그는 평범한 기차라고 무한을 향해 달리지 말라는 법이 있느냐고 묻는다. 나 또한 어느새 인생 후반부를 향해 가는 시점, 아주 평범한 완행열차를 그려본다. 목표를 향해 쌩쌩 달리는 기차는 아니지만 중간중간 예쁜 간이역도 들르고 힘들면 쉬어가는, 하지만 어디론가 계속 향해 가는 기차다. 평범한 기차라고 무한을 향해 달리지 말라는 법이 있냐는 차페크의 말처럼 나이에 상관없이 사람은 늘 꿈을 향해 사는 거다.

그간 지내온 평범하지만 평탄했던 삶에 감사하고
인생 후반부는 또 나의 꿈을 그리며 그렇게 살아야지.
꿈을 꾼다는 건 아직 삶에 대한 열정이 남아있다는 거니까.

엄마는 오늘도 열심히 노는 중입니다

머리는 비우고
마음은 채우고

발바닥에서 울리는 미세한 진동이 심장에 닿는다. 콩닥이는 심장. 점점 커져가는 파동을 느낀다. 약식이지만 난생처음 인터랙티브 아트(Interactive Art), 몰입형 체험 전시에 참여했다. 워크숍 기간에 작가를 초빙해 서울시립미술관 강당에서 약식으로 하는 체험이라 원래 작가가 의도했던 맨발로 진흙과 자갈을 밟는, 전시장에서의 체험과는 비교가 되지 않겠지만, 장지우 작가에 리드에 맞춰 〈slow walk〉와 〈time drop〉에 참여했다.

하루를 동동거리며 사는 데다 건강을 챙긴다며 하루 1만 3,000보 걷기 인증을 한다. 속보하듯 빠르게 걷는 게 익숙하다 보니 늘 생활은 동동거림의 연속이다. 빠르게 걷다 보면 마음도 바빠진다. 후다닥 후다닥, 이것도 해야 하고 저기도 가봐야 하고 늘 바쁘게 산다. 그렇게 'fast'에 적응해버린 나의 신체 리듬에 'slow walk'는 낯선 체험이었다. 작가를 따라 30여 명이 강의실을 크게 도는데 천천히 걸으니 비틀거리는 나를 발견했다. 어느새 닿아버리는 앞사람과의 간격. 왜 이리 비틀거리는 걸까. 발바닥에 온 신경을 집중하며 천천히 걷기를 다시 시도한다.

이렇게 내 몸 한 곳에 집중해본 적이 있던가. 발바닥을 천천히 내려놓으며 발에서 전해지는 진동을 느낀다. 진동은 종아리를 거쳐 척추를 타고 나의 심장에 도달한다. 진동은 파장이 되어 나의 심장을 콩닥이게 만들었다. 느린 걸음은 생각의 속도도 함께 느려진다. 느린 사유. 하지만 느린 것보다 비우고 싶어진다. 문득 이 느긋함이 좋다. 누구는 '오늘도 행복하세요'가 아니라 '오늘도 느긋하세요'로 인사를 바꾸어야 한다고 한다. 막연한 행복을 기원하기보다 '오늘도 느긋하세요'라는 말이 빠르게 돌아가는 현대인에게는 진정 위로가 되지 않을까 적극 공감을 한다.

《소크라테스 익스프레스》의 저자는 가장 느린 이동 형태인 걷기는 더 진정한 자기 자신을 만날 수 있는 가장 빠른 방법이라 말한다. 그중 느리게 걷기는 자신을 깊게 만나는 방법이지 않을까. 오늘 〈slow walk〉 체험을 하며 깨달은 바다. 걷기에서조차 동동거리며 산 게 아닐까. 가끔은 느긋하게 걸으며 사유의 느긋함을 즐기는 것도 필요한데 말이다.

아침에 누군가 단톡방에 '생각 중독 테스트'를 올려왔다. 굳이 해

엄마는 오늘도 열심히 노는 중입니다

보지 않아도 나는 생각 중독이다. 자면서도 하는 생각. 그래서 늘 수면의 질이 좋지 못하다. 건강을 위해서라도 늘 비워야지, 덜어내야지 하지만 정말 쉽지 않은 일이다. 버킷리스트까지는 아니어도 멍때리기 대회에 참가해보고 싶은 로망이 있다. 멍때리기 대회는 졸거나 딴 생각을 하면 탈락이다. 가끔 뉴스에 대회 결과가 올라올 때가 있는데 어른들은 잡생각이 많아 금방 탈락을 하곤 한다.

멍때리는 것과 딴생각을 하는 건 확연히 다른 표정인가 보다. 지난 대회에 초등학생이 우승을 했다는데 정말 멍때리는 표정이 볼 만했다. 무념무상이라는 말이 그대로 튀어나오게 하는 표정. 나는 몇 분이나 버틸까. 탈락하고 나오는 어른들이 정말 쉽지 않다는 인터뷰를 한다. 어른이 될수록 생각이 많아지는 모양이다. 책읽기도 그렇다. 학생 때보다는 잡생각이 많아 책에 집중하기 쉽지 않다는 얘기를 많이 하기도 한다.

요즘 나의 화두는 '비움과 채움'이다.
내 인생에서 무엇을 버리고 무엇을 채워야 하는가.

이제는 채움보다는 비움에 훨씬 마음이 간다. 물욕, 탐욕에 대한 미련은 점차 멀어져간다. 그렇게 비워낸 자리에는 무엇을 채울까. 천천히 걸으며 느린 생각을 하다 보면 지긋이 나를 만난다. 내가 하고 싶은 일이 뭔지, 내가 생각하고 있는 것은 무엇인지 나와 나의 민낯을 마주하게 된다. 내 안의 소리에 집중하고 복잡한 생각은 버리고 마음은 채우는 것. 그게 멋지게 나이 드는 모습이 아닐까.

〈slow walk〉가 내 몸과 내 안의 소리에 집중했다면, 〈time drop〉은 오감 중 청각만을 열었다. 원래의 작품은 위에서 종 모양의 커다란 덮개가 내려와 앉아있는 사람을 가두는 체험이지만 이번에는 눈을 감고 여러 소리가 섞인, 싱잉벨 같은 소리를 들었다. 물방울 떨어지는 소리, 진동 소리… 모든 감각을 닫고 오롯이 귀에만 의존하니 작은 소리들이 크게 들린다. 그렇게 생각을 비우고 작은 소리에도 귀를 기울이며 사소한 것에서 의미를 찾는 것.

조금씩 생각을 덜어 머리를 비우는 연습을 해야겠다.
대신 가슴을 채워야지.
이제는 그렇게 작은 일에 감사하며
묵묵히 나의 길을 걸어가야겠다.

엄마는 오늘도 열심히 노는 중입니다

세월 앞에 인간은
참 평등하다

우리 동네는 고령자가 많다. 헬스장을 가도 뒷산을 가도 60대 이상이 훨씬 많이 눈에 띈다. 노령 인구가 많다고 가장 실감하는 순간은 은행에 갔을 때다. 집에 일이 있어 이 일 저 일을 몰아서 처리하려고 연차를 낸 날이었다. 9시에 렌탈 정수기 점검을 받고 곧이어 은행, 병원, 세탁소 등 나름 일정을 잡았는데 모처럼 집에 있으니 그 여유로움을 포기할 수가 없어서 11시가 다 되어서야 집을 나왔다.

은행에 들어서는 순간 '아차! 아침에 문 열 때 왔어야 하는 거지.' 하고 후회가 밀려왔다. 전화로도 업무처리가 가능하냐고 물었더니 나와야 한다며 지금은 대기가 별로 없다 해서 얼른 나왔는데 정말 대기는 10명 안쪽이었지만 줄이 줄지를 않았다. 어르신들이 많아서 일일이 opt가 무엇인지부터 시작해 신청 대행에서 사용법 설명까지 계속 반복 학습을 하는 은행원들의 업무 피로도가 남 일 같지 않았다.

창구 여러 개에 8번째 대기면 금방 내 차례가 와야 하는데 하나하나 손이 가는 손님들 덕에 시간이 한 세월이다. 나도 점점 남의 손이 필요해질 텐데 싶어 은행원도 손님도 모두 이해가 되었다.

대학원으로 파견교육을 받을 때 가장 아쉬웠던 것 중 하나가 사무용 기기 사용과 스마트 기기 조작이었다. 그동안은 감사한 생각도 없이 복사기며 프린트며 하다못해 집게에 스테이플러까지 아쉬움이 없이 살다가 막상 출근을 안 하니까 논문 출력을 몇 개만 해도 돈 만원이 후루룩 나갔다. 가장 아쉬울 때는 기기 작동이 막혔을 때였다. 휴대폰이나 클라우드 사용이 어려울 때 혹은 같이 모여 영화를 보려는데 영화가 로딩이 안 될 때, 논문 검색 후 뜬금없이 출력이 안 되는 등의 돌발사태가 발생하면 어딘가 도움을 구할 때가 없어 난감한 때가 한두 번이 아니었다. 사무실에서는 그쪽에 밝은 직원들도 많고 전산직도 있고 해서 도움을 받기가 좀 나았는데 사무실 밖은 쉽지 않다. '퇴직을 하면 이런 것부터 체감을 하겠구나.' 실감했는데 은행을 와보니 그런 날이 코앞에 다가온 느낌이 들어 울적해졌다.

앞에 앉은 어르신이 귀가 어두우신지 직원이 가림막에 얼굴을 들이대며 설명하는데 그 목소리가 저 끝에서 이쪽까지 들렸다. 직업병일까. '저분의 개인정보는 어쩌지?' 직원의 설명과 말 속에 얼마를 입금하는지, 통장을 개설했는지, 적금을 연장하는지 기타 등등 정보가 꽤 들어 있다는 생각에 '아! 어르신 전용 상담창구가 따로 있어야 하는 게 아닐까?'라는 오지랖 넓은 생각과 그럴 경우 거기는 '기피 부서

엄마는 오늘도 열심히 노는 중입니다

가 될 수도 있겠다'라는 한층 더 넓은 오지랖을 펼치는 나를 보고 쓰게 웃었다.

나는 단순한 일로 왔으니까 뒷사람 생각도 해서 빨리 끝내고 당당히 나가야지! 스스로 다짐을 하며 내 순간이 되자 미리 신분증과 도장, 통장을 내밀며 교만한 자세로 앉았다. 웬걸, 3분 안에 끝낼 거라고 생각했다가 우대금리 운운하며 카드를 만들라는 둥, 적금 특판이 나왔다는 둥 행원의 말에 홀려 마음에도 없는 카드를 만들며 어리바리한 나의 휴대폰도 어느새 은행원의 손에 들려 도움을 받고 있었고 그사이에 나도 그들처럼 시간이 흐르고 있었다.

나이가 들면서 세월 앞에 인간은
참 평등하다는 생각이 든다.

기관장으로 퇴임을 하든, 일용직으로 퇴임을 하든 퇴임 이후 호칭은 모두 아저씨가 되었다가 금방 할아버지가 된다. 소속에서만 직위를 갖는 거지 사회에 나오면 다 똑같은 할아버지, 할머니가 된다. 똑똑하던 수재들도 나이가 들면 계속 발전하는 컴퓨터가 부담되고 어느 날부턴가 마음을 내려놓게 되기도 하는 것 같다.

짱짱하게 건강하고 꽃처럼 예쁘다던 사람들도 나이가 들면 얼굴에 세월을 묻는다. 쓸고 닦고 미모 관리에 힘쓰던 연예인들도 나이가 들면 다 비슷해지고 멜로드라마의 여주인공이었던 사람들도 어느새 시어머니 역할을 한다. 그들도 처음에 엄마 역이 들어오면 받아들이기 힘들었다고 한다. 그들이 배역을 받아들였다는 건 세월도 함께 받아들였다는 의미가 아닐까.

28세 렘브란트의 자화상   렘브란트의 마지막 자화상

렘브란트처럼 자화상을 꾸준히 그린 화가는 흔치 않은 것 같다. 렘브란트의 자화상은 자신의 내적 삶을 그림으로 표현한 작품들로 화가의 지위와 심리를 시기적으로 알 수 있다. 젊어서부터 명성을 누리던 렘브란트의 28세의 자화상은 젊고 자신만만함이 그대로 드러나지만 마지막 자화상에는 생활고에 시달린 지친 화가의 모습에서 인생의 무상함을 느끼게 한다.

"젊을 때 예뻤던 사람이 추하게 나이를 먹는 경우도 있고 별로였

엄마는 오늘도 열심히 노는 중입니다

던 사람이 멋있게 늙는 경우도 있더라." 음식점에서 옆 테이블에 앉은 손님이 TV 드라마를 보며 말했다. 우리는 그렇게 세월을 얼굴에 담는다. 40세 이후는 그 사람의 삶의 족적을 얼굴로 표현한다는 링컨의 생각은 틀리지 않는다. 동동거리지 말고 내려놓는 연습을 하며 멋지게 나이 드는 법을 생각해봐야겠다.

예쁘게 말고, 멋지고 넉넉하게 늙어가야 할 텐데,
마음에 여유가 있는 사람이 편안한 모습으로 늙어가는 것 같다.

친구와 와인은
익을수록 좋다

최근까지 나는 감을 좋아하지 않았다. 어릴 적 종암동에 사시는 할머니 댁에 며칠 가 있었던 기억이 난다. 내 기억 속 할머니 집은 전통 'ㅁ'자 한옥으로 가운데 마당에 우물이 있었다. 마당과 우물에 온통 타일이 깔려 있던 기억이 난다. 이제껏 나는 우물이라 불렀는데, 지금 생각하니 우물이 아니라 미니 연못처럼 조그맣게 물을 받아놓은 곳이었나 보다. 몸보신에 진심이던 할머니는 인삼이며 누에똥 등 몸에 좋다는 건 다 챙겨 드셨다.

내가 갔을 때는 자라탕을 하실 생각이었는지 우물 안에 자라를 한 마리 넣어두셨다. 제 명을 알았던 걸까. 자라가 목숨 걸고 탈출을 감행했고 나는 그 광경을 목격해 비명을 지르며 댓돌 위에 신발을 던지다시피 하며 대청마루로 기어 올라갔던 기억이 난다. 할머니는 뼈에 달린 고기를 발라주셨고 뼛국물이 고소하다며 쪽쪽 빨아먹게 하셨는

엄마는 오늘도 열심히 노는 중입니다

데 그 맛이 생각나 엄마에게 빨아먹는 뼈를 달라 해 엄마가 뭔 소리인지 당황해하셨다. 나의 묘사를 듣던 엄마는 깔깔 웃었다. "아, 갈비탕 먹고 왔구나?" 그렇게 갈비탕이란 명칭을 알았다.

할머니는 담장 밖에 구루마 장사(이 호칭도 진짜 오랜만이다. 그때는 이렇게 불렀는데 막상 적어보니 낯설지만 엄청 정겹고 반갑다)가 왔다며 감을 사오셨다. 먹어보라며 주신 감이 어찌나 떫던지, 아마 땡감이었나 보다. 그 이후로 나는 감을 먹을 일이 없었다. 내게 감은 단단하고 떫은 아주 맛없는 물건이었다. 그토록 좋아하는 과일의 범주 안에 넣기 싫어 과일이라 부르지도 않았다.

이후 이십 년이 지나 취업을 한 후 우리 사무실 밖에는 대추나무, 밤나무가 있었고 휴게 뜰 한가운데 커다란 감나무가 한 그루 있었다. 태생이 도시녀인 나는 시장 좌판에 늘어서 있어야 할 밤, 대추, 과일들이 이렇게 나무에 매달려 있다는 사실에 엄청난 경이로움을 느껴 시도 때도 없이 나가서 보곤 했다. 아이들이 벼를 보고 쌀나무라고 하는 게 이런 느낌일 거야. 스스로 한심함을 느끼기도 하지만 그렇게라도 매달린 과일들을 보는 재미가 좋았다.

그런데 나와 아이를 보면서 감과 참외는 나이가 들면서 좋아지는 과일이라는 생각을 해본다. 누구나 그런 건 아니겠지만 나와 남편, 우리 아이, 조카들을 볼 때, 어린 아이가 감과 참외를 사과나 바나나처럼 좋아하지는 않는다는 거다. 과일을 좋아하는 아이들이지만 감과 참외는 그리 반기지 않았다. 혹시나 싶어 동료들과도 얘기해 보면 아이들이 감과 참외를 좋아하는 경우는 많지 않았다. 나도 그렇게 변해가지만, 엄마나 시어머니도 나이가 들어서는 감과 참외가 훨씬 좋아진다고 하신다.

세월이 흘러 나이가 들면서 천천히 좋아지는 감과 참외.
적어도 내겐 그런 과일이다.

그런 생각 이후로 감과 참외를 살 때면 어떤 동지애(?)를 느끼기도 한다. 내가 이렇게 감과 참외를 사는 건 나도 이제 나이를 먹은 거야. 그래서일까 감과 참외를 보면 시어머니 생각이 난다. 감과 참외를 좋아하신다는 것 외에는 이유가 없지만 그 이유가 세월을 담고 있다는 생각이 들어서가 맞는 말일 것 같다.

종종 감을 소재로 그린 그림을 본다. 그림 속에는 영락없이 추억과 그리움이 담겼다. 작가가 그렇게 그렸는지 제목이 그리움일 때도 많지만, 보는 나의 눈에는 그리움으로 다가온다. 그 시절에 대한 그리움. 나이가 들어감이 좋아지는 이유는 이런 그리움이 담겨서일지도 모르겠다. 나이가 들면서 좋아지는 과일이라니 신기하지 않은가. 사람도 이렇게 나이가 들면서 좋아지면 좋겠다.

엄마는 오늘도 열심히 노는 중입니다

민대희, 〈홍시〉

친구와 와인은 묵을수록 좋다던가.

세월이 지날수록 생각나는 사람, 만나면 추억이 떠오르는 사람,

그런 사람이었으면 좋겠다. 감과 참외처럼….

마음에도 붙일 수 있는
밴드가 필요해

아이의 유치원 선생님은 앞치마 앞주머니에 늘 밴드를 넣고 계셨다. 베이고 넘어지고 수시로 다치는 아이들에게 밴드를 붙여주면 아이들은 안도의 숨을 내쉬었다. 어느 주말 오후, 아이에게 세발자전거를 태워 산책을 나갔다가 아이가 넘어져 무릎이 까였다. 좀 많이 까여 나도 놀랐지만 쿨하게 괜찮다고 아이를 달랬다. 처음에는 괜찮다던 아이는 정작 피가 나는 걸 보자 난리가 났다. 엉엉엉. 집에 빨리가서 밴드를 붙여야 한다고 안달하는 아이가 귀여워 웃음이 났지만우는 아이 앞이라 터져나는 웃음을 꾹꾹 눌렀다. 아이에게 밴드는 거의 구원의 손인가 보다. 갑자기 다리를 절름거리며 곧 죽을 듯 울며밴드를 찾아 안달하는 아이를 데리고 집으로 들어가 씻기는데 계속밴드 타령을 했다. "밴드, 밴드!" 엉엉거리는 아이의 다리를 씻긴 후소독연고를 바르고 밴드를 붙이자 이제 살았다는 듯 금방 안도하며

엄마는 오늘도 열심히 노는 중입니다

다시 놀기를 시작했다. 밴드의 위력은 참 대단했다.

아이에게는 밴드라는 강력한 위로의 수단이 있다면 나에게 밴드는 무엇이었을까. 겉으로 난 상처는 밴드로 봉합이 되는데 마음속 상처는 무엇으로 꿰맬 수 있을까. 누군가에게 아무 생각 없이 한 말이 상처가 되기도 하고 생각해서 해준 말이 생채기를 남기기도 한다. 상처는 아물기는 하지만 흉터는 남는 법이다. 대부분은 그 흔적을 무시하고 살지만 가끔은 전혀 지워지지 않는 상처가 남기도 한다. 평소에는 아무렇지도 않다가 우연히 남겨진 상처를 보고 아픈 기억이 되살아나기도 한다.

마음의 준비. 나는 상대에게 마음의 준비가 필요하다는 걸 많이 늦게 깨달았다. 아무리 친한 사이더라도 어떤 상황에서는 받아들일 마음의 준비가 있어야 하는데 무방비 상태에서 충고랍시고 너를 위한답시고 편하게 했던 말들이 상대에게는 상처가 되고 독이 될 수도 있다는 걸 내가 겪어본 이후에나 깨달았다. 그리고 어떤 얘기도 너를 위하는 얘기는 없다는 사실도.

나는 위로의 말이 가장 어렵다.
사랑하는 이와 이별을 했을 때,
시험에 떨어졌을 때,
낙심하고 있을 때….

옆에서 할 말을 골라보지만 할 수 있는 말이 없는 나는 가만히 있는 방법을 택하기로 한다. 굳이 상황을 아는 척하지 말기. 말하려 애쓰지 말기. 더러는 무관심이 더 위로가 될 수도 있음을 깨달았다. 더 나이가 들어 내가 찾은 답은 공감이다. 그냥 들어달라고 하는 말인데 자꾸 해답을 찾아주려고 애쓰고 결론을 내주려 애써서 누군가에게 속내를 얘기하기 어렵다는 지인의 말을 들었을 때 머릿속에 순간 번개가 내리쳤다. '그렇지, 답은 본인이 가장 잘 아는 건데, 지금 얘기하는 건 나의 마음을 알아달라는 거였지.' 나 또한 자꾸 해법을 찾아 제시하려는 일종의 쓸데없는 강박이 있음을 깨닫자 여기저기 미안해지는 사람들이 떠올랐다. 그냥 들어주고 "힘들었겠구나." 한 마디면 될 것을…. 후회되는 일이 참 많다.

어른들이 '딱해서' '불쌍해서' '짠해서'라고 했던 말들의 무수한 의미를 내가 그 나이가 되어보니 조금은 알 듯도 하다. 노인들이 지혜로운 건 똑똑해서가 아니라 세상과 사람에 대한 공감의 폭이 커졌기 때문이다. 세상에는 나쁜 사람은 없고 불쌍한 사람은 있더라. 저렇게 사는 모습도 불쌍하고 오죽하면 그럴까 점점 그런 생각을 하게 된다. 언제부턴가 누군가가 힘들어질 때, 그를 이해하려 애쓰면 마음이 누그러진다. 상대에 대해 공감을 해보려 노력하면 문득 그가 나쁜 사람이 아니라 딱한 사람이 된다. 그리고 누군가에게 나도 그런 딱한 사람이 될 수도 있겠지. 공감하려 애쓰면 내 마음이 편해지고 공감을 받는다 생각하면 위로가 된다. 그렇게 공감이라는 밴드를 장착하려 노력하는 중이다. 누구나에게 필요한 밴드.

지갑 속에, 서랍 속에 하나씩 넣고 다니듯
내 마음 한쪽 구석에 쟁여놓는 나만의 밴드가 필요하지 않을까.
누군가로 인해 아프고 힘들 때 안도의 숨이
절로 쉬어지는 그런 밴드 말이다.

잘 놀기 위해
배운다

연간 100시간의 평생교육 수업을 수강하면 명예학사 학위가 주어진다. 오늘은 학위 수여식이 있는 날이다. 관계자로 한 참석이라 맨 뒤에 앉아 둘러보니 50대 이상 여성이 압도적으로 많았고 중간중간 꽤 많은 남성 어르신들도 앉아계셨다. 저분들은 1년에 100시간을 들으려면 몇 개 프로그램을 수강했을까. 나는 몇 시간이나 될까. 얼마 있으면 나도 저 속에 앉아 있겠단 생각에 사람들의 모습이 그리 남 같지만은 않았다. 내 마음이 닿는 소리.

전직 개그맨 출신의 사회자는 능숙하게 진행을 했다. 수여자들이 마음이 편하도록 유쾌한 멘트로 분위기를 끌고 가다 수여자들에게 마이크를 넘겼다. 가장 연세가 많은 분을 찾던 그는 87세 어르신께 마이크를 드렸다. 어르신은 마이크는 필요 없다며 단상으로 올라

가도 되겠냐고 하신다. 쩌렁한 목소리로 36년생 87세라고 소개를 시작하신 어르신은 이번에 방통대에서 석사를 받았다며 내친김에 박사도 하고 싶어 대학을 알아보았으나 나이 때문에 받아주는 곳이 없었다고 아쉬워하셨다. 마침 한 대학에서 받아주겠다며 등록금 고지서를 주었는데 한 번에 몇백만 원을 낼 능력이 안 되어 담당 학장에게 전액 장학생으로 받아주면 노인복지에 대한 멋진 논문으로 갚겠다고 장문의 메일을 보냈다고 하시며 아직 답이 없어 답답하다고 하시는 어르신은 정말 크게 보였다.

어르신의 공부에 대한 열정과 간절함에 다들 입을 벌렸다. 그분은 백 살까지 13년이 남았다며 이제껏 당신이 노인으로 살아온 20여 년을 바탕으로 노인복지에 대한 논문을 꼭 쓰고 싶다고 하시는데 그 기세와 당당함에 젊은 사람들 모두 압도당하는 중이었다. 사회자는 경이로움에 조용해진 관중들을 향해 김형석 교수도 백 세가 넘도록 공부하신 분이니 두 분이 경쟁을 하면 되겠다며 농을 던졌다.

학위 수여자 41명이 일제히 쓰고 있던 학사모를 하늘로 던지는 퍼포먼스를 보며 존경심과 함께 공부가 이들을 이렇게 기쁘게 하는 걸까 자문을 해본다. 그건 공부에 대한 기쁨만이 아니라 자기가 보낸 시간에 대한 내적 만족이자 자신에 대한 칭찬이겠지. 성실하고 열심히 사는 사람들… 세상엔 열심히 사는 사람들이 참 많다. 새벽 5시에 글쓰기를 하고 매월 한 달 글쓰기를 하며 나와의 약속을 지키려는 우리들도 남들이 보기에는 그중의 한 사람들일 게다. 혼자가 아니라 이런 사람들이 옆에 있어 기운을 얻는다.

100세 시대에 60세 정년이면 40년이 남는다.
남은 세월을 무엇으로 채울까.

다산은 '모든 끝은 허무인데 인생 백 년을 무엇에 써야 할까?'(조윤제, 《다산의 마지막 습관》) 하며 스스로 묻는다. 고령화 시대에 평생교육의 역할은 정말 중요하고 소중하다. 어르신들은 평생교육 프로그램을 통해 배우고 네트워크를 형성해 동아리 활동도 하고 소일도 하며 그동안 가장으로, 직장인으로, 누구 엄마로 사느라 못 해봤던 뒤늦은 자기 계발을 하신다. 젊은 사람들에게 도태되기 싫어 컴퓨터와 휴대폰을 배우고 메타버스와 챗GPT를 배운다. 평생교육에서는 변하는 시대에 발맞추어 키오스크 사용법을 설명하고 실습하는 프로그램도 있다. 여전히 스크린을 통해 영어를 배우고 세계문화사며 미술사를 배우기도 하고 클래식 감상을 하기도 한다.

평생학습관에 근무하면서 어르신들끼리만을 대상으로 하는 수업이 얼마나 든든한 일인가를 배웠다. 내가 나이가 들어보니 젊은 사람들과 함께 배운다는 것은 큰 용기가 필요한 일이라는 걸 아주 조금은 공감할 수 있었기에 어르신들만의 전용 프로그램 개설은 정말 멋진 일이라는 생각을 했다. 노인 인구가 급증하는 우리나라 현실에서 노

엄마는 오늘도 열심히 노는 중입니다

인들에 대한 재교육과 그들을 위한 프로그램이 상설로 진행되는 일은 백세시대를 준비하는 진정한 노인복지가 아닐까?

엄마도 평생학습관에서 수필 수업을 하고 함께 문집을 내기도 하셨다. 칠십이 넘어서도 인터넷카페에 글을 올리고 공유하고 수강생끼리 소식을 전하기도 했었다. 이제는 15년이나 지난, 아주 오래전 일이 되었고 아직도 컴퓨터에 미련이 남아 계시지만 어느 순간 손에서 놓고 나니 이제는 엄두도 못 내신다. 그럼에도 꾸준한 교육 덕인지 84세인 지금도 문자 메시지를 정말 잘하신다. 이모티콘도 가끔 섞어 보내는 메시지에 깜짝 놀라기도 한다.

나이가 들수록 작아지는 건 자존감과 자신감이지 않을까. 자꾸 작아지는 느낌. 그 자존감을 회복시키고 붙잡아주는 게 평생교육이다. 집 근처 도서관의 독서 모임에 잠깐 참여한 일이 있었다. 나보다 대여섯 살 정도 많아 보이는 여러 분들이 살갑게 대해 주셨는데 그중 한 남성분은 서울 시내 많은 도서관 프로그램 리스트를 가지고 동서남북 여기저기 도서관을 다니느라 바쁘셨다. 내게도 정보를 주셨는데 주로 작가와의 대화와 인문학 강의를 듣고 계셨다. 아, 저렇게 소일하시는 분도 계시구나, 그리고 도서관에서 하는 좋은 프로그램이 정말 많구나, 슬그머니 따라 하고픈 욕심을 내기도 했다.

여러 도서관의 프로그램을 찾아 검색하는 것은 그때 생긴 나의 습관이다. 들여다볼수록 정말 좋은 프로그램이 참 많다. 자꾸 보니 참여하고 싶은 프로그램이 늘어난다. 퇴직을 하면 아마 평생교육 프로그램 수강만 해도 엄청 바쁠 것 같다. 그렇게 욕심내던 일들이 이제는 선택과 실행으로 다가왔다. 퇴직을 하면 여기저기로 프로그램 수강을 다니느라 바쁘겠지. 평생 배운다는 건 성장하고 싶다는 의미와 빠르게 변화하는 세상에서 뒤지고 싶지 않다는 의지와 뭔가를 하고 있다는 스스로의 만족감 때문이 아닐까. 어르신들의 모습에 향후 나의 모습을 겹쳐보며 새삼 평생학습이 고맙고 소중해졌다. 이런 일에 동참하고 있다는 사실에 가슴 밑바닥에서 올라오는 뿌듯함으로 마냥 행복했다. 앞에 앉아 계신 분들이 어찌 그리 곱고 멋진지, 진심에서 우러나는 축하의 박수를 드렸다. 여전히 배움을 즐기며 사시라는 소망을 가득히 담은 박수를 힘껏 드렸다.

다산의 말처럼 우리는 모두 끝을 향해 가지만, 살아있는 오늘은 영원하다. 그래서 오늘 하루하루를 힘껏 살아나가야 한다. 배움은 그 삶에 있어 가장 의미 있고 가치 있는 일이다. 당장 내일 내 삶에 죽음이 찾아온다 해도 오늘 나의 삶은 배움의 기쁨과 설렘으로 가득 차기를 바란다.

배움은 '잘 놀기'의 가장 세련된 형태다.
삶의 매 순간이 배움이므로, 우리는 매일 놀며, 배우며,
오늘을 응원해본다.

엄마는 오늘도 열심히 노는 중입니다

책에 내 삶이
묻어 있다

도서관에 간다. 요즘 하는 매일 읽기 덕에 문턱이 닳도록 들어가는 동네 앞 도서관이다. 읽고 싶은 책도 많고, 읽어야 할 책도 많아서 쭈욱 스캔을 뜨다가 피식 슬쩍 웃으며 반갑게 책 한 권을 꺼냈다.

안톤 슈낙의 《우리를 슬프게 하는 것들》. '조락하는 것들은 우리를 슬프게 한다'. 그렇게 시작했던 것 같다. 중학교 2학년 때로 기억된다. 숭의 사거리에 살던 나는 버스 한 정거장 거리인 그 당시 큰 책방이던 I사로 책을 사러 종종 걸어 다녔다. 학교에 예쁜 교생선생님이 오셔서 밑도 끝도 없이 칠판에 추천도서 목록을 써주셨는데 그중의 하나가 안톤 슈낙의 《우리를 슬프게 하는 것들》이었다.

제목이 너무 좋아서 읽어보리라 했다가 마침 밖에 포슬포슬 백설기 같은 눈이 내리던 날 무슨 생각에선지 책을 사러 나섰다. 그러고는 가다가 응달진 곳을 밟아 꽈당, 그렇게 미끄러져 엉덩이 툭툭 털며 사온 책이었다. 하얀색 표지였던 《우리를 슬프게 하는 것들》을 생각하면 마르쿠스 아우렐리우스의 《명상록》이 오버랩되는 건 왜일까? 그 또한 기억하지 못하는 저쪽에 뭔가 연결고리가 있을 텐데 거기까지는 기억을 못 하겠다. '아 책에 나의 삶이 있네…. 어릴 적 추억이 있네.' 가슴이 살짝 먹먹해온다.

늘 옛일을 생각하면 먹먹해지는 건
다시 갈 수 없는 추억에 대한 그리움 때문일까,
그 추억이 너무 고와서일까.

도서관을 빙글 돌다가 《안네의 일기》를 보았다. 외삼촌댁에 갔을 때 대학 졸업반이었던 언니가 "미경이가 책을 좋아한다지?" 하면서 《제인에어》와 《안네의 일기》 두 권을 줬던 기억이 났다. 책보다 훌쩍 해진 언니 얼굴이 떠올랐다. 그리고 책을 너무 좋아해 늘 읽다가 잠이 들곤 했던 것도. 언니는 자다 일어나 불을 끄기에는 콘센트가 너무 멀어 전기 스위치를 머리 위로 쭈욱 늘어뜨려 누워서도 끌 수 있게 만들었다. 그런 언니가 참 신기했다.

그 후로 얼마 후에 수녀가 되기로 했다는 말에 그때 언니가 엄청 힘들었던 때구나, 하고 나중에 깨달았던 일들이 스쳐간다. 언니는 그당시 고등학교마다 찾아다니면서 학생들을 패널로 진행하던 인기 프로그램 〈우리들 세상〉에 나와 입담을 뽐내고 똑똑하다고 아나운서에

엄마는 오늘도 열심히 노는 중입니다

게 칭찬을 받았다나, 1등에 반장에… 어른들은 다 1등이라고 해서 정말 1등이었는지는 모르겠으나 우리 친척들 사이에서는 아들로 태어났으면 정말 한몫했을 거라는 아쉬움 섞인 지지를 한 몸에 받는 범접할 수 없는 큰 언니였다. 법대 나와서 자연스럽게 유학을 갈 거라고 생각했는데 수녀원에 들어가 지금까지 수녀원 생활을 하고 있는 건 그땐 정말 상상도 못 할 큰 사건이었고 집안뿐 아니라 안동권씨 친척들 사이에서 난리가 나는 일이었다. 언니는 지금까지 자신의 길을 당당히 가고 있고 그때도 지금도 멋진 언니다.

아! 김동인의 《운현궁의 봄》도 있네… 노랗게 변했던 아랫목에 늘 깔려 있던 요 밑으로 들어가 굴처럼 만들어 누워서 빈들거리며 읽다가 엄마한테 한소리 들으며 읽었던 책이다. 그때의 기억에 나도 모르게 싱긋 웃음이 인다. 엄청 재미있었던 기억이다. 지금도 운현궁을 가면 이 책과 누런 아랫목 생각이 난다.

친정에 가서 우연히 작은 방 책장을 들여다보았다. 결혼 전에 사 놓은 책들이 아직 몇 권 남아 있었다. 75년도 판 《부활》《자기 앞의 생》 등등… 책을 보자 그 당시 일들이 떠오른다. 《부활》은 중 1 때인가, 문학도인 엄마가 사주셨는데 결국엔 다 읽지 못했던 책이었고 《자기 앞의 생》은 당시 유행했던 '모모' 노래와 함께 모모 시리즈 중 한 권으로 사서 읽었다. 두 권 모두 오십이 넘어 다시 읽었는데 내가 꼽는 베스트에 들어가는 책들이다. 지금은 찾기도 힘든 세로줄의 글을 그땐 어떻게 읽을 수 있었는지 누렇게 바랜 책을 보며 참 열악했던 당시 출판 문화를 생각해 본다. 먹고 살기 어려웠던 시대였구나… 새삼 부모님께 감사한 생각이 들고 나는 다시 추억에 빠진다.

내가 책을 사며 가장 열심히 읽었던 때는 중학교 1~2학년 때가 최고였던 것 같다. 그때는 삼중당 문고라고 손바닥만 한 사이즈에 세로줄의 작은 글씨로 인쇄된 고전전집이 있었다. 나는 야심차게 전집 독파를 목표로 했는데 전집은 아니어도 2/3 이상은 읽지 않았을까 싶다. 그때 읽었던 책들이 지금 독서 생활에 많은 자양분이 되었음은 부인할 수 없는 일이다.

책에 내 삶이 묻어 있는 걸 오늘에서야 알았다. 책이 이렇게 앨범 사진처럼 많은 기억을 갖고 있음을 전에는 미처 몰랐다. 잊고 살았던 기억들이 섬광처럼 스쳐가는 이 책들이 너무 소중하고 예쁘다. 지금 하고 있는 독서 토론과 쓰기 등은 또 다른 앨범을 만들고 있겠지. 거기엔 혼자가 아닌 여러 사람의 얼굴들이 같이 기억될 게다.

책을 읽는 또 다른 기쁨을 발견한 날이다.
책에 내 삶이 묻어 있는 걸 깨달았기 때문에.

엄마는 오늘도 열심히 노는 중입니다

어제도 그제도…
그저 내겐 모두 선물이었음을

영화 〈소울〉의 주인공 22번은 열정과 목적에 대해 고민한다. 살아가면서 삶의 목적과 열정을 분리해서 생각해 본 일이 없는 내게, 애니메이션이지만 2000년 동안 이런 고민을 하고 있는 주인공의 모습은 인상적이었다. 삶에서 목적과 열정은 어떻게 다른 걸까. 목적이라는 것은 내게 주어진 역할, 즉 가장이나 엄마로서의 삶 그리고 내가 직장에서의 어떤 성공을 의미한다면, 열정이라는 것은 내가 살면서 무엇을 할 때 행복하고 내가 무엇을 위해서 살아야 되는지 추동을 의미한다.

22번의 소울메이트 조는 자기 삶의 목적이라고 생각했던 재즈 공연을 성공적으로 마치지만 그에게 찾아온 건 예상치 못한 허탈함이었다. 재즈공연은 삶의 목적이었지 그가 갖고 있던 열정은 아니었다는 것을, 그리고 그 목적에 매인다는 것이 얼마나 삶을 피폐하게 하는지를 그는 공연을 마치고야 알았다. 이 순간이 오기를 평생 기다렸으니까 좀 다를 줄 알았는데 어제와 별다를 게 없다며 허탈해하는 조에게 밴드리더 도시테아는 젊은 물고기 얘기를 한다. "옛날에 젊은 물고기 한 마리가 있었어. 젊은 물고기는 늙은 물고기에게 말했지. '전 바다라는 곳을 찾아가고 있어요.' 늙은 물고기가 말했어. '여기가 그 바다야.' 젊은 물고기는 놀라서 물었지. '여기가요? 저는 이런 물속 말고 바다로 갈 거예요.'" 파랑새가 멀리 있는 게 아니었듯, 지금 있는 곳이 바로 그가 그토록 염원하던 바다다. 그런데도 우리는 그 바다를 찾아 평생을 바치는 게 아닐까.

엄마는 뇌출혈로 쓰러지시고 한 달간 중환자실에 계시다 일반병실로 옮기셨다. 두 달이 안 되는 이 기간이 얼마나 긴지. 간병인이 있어 보호자는 정해진 시간의 면회 외엔 딱히 할 수 있는 일이 없다. 하지만, 심리적 정지. 그날 이후 온 세상이 정지된 듯하다. 엄마의 일상이 멈추면서 온 가족의 생활루틴이 무너지고, 모두의 일상이 함께 멈추었다. 나 또한 퇴직을 앞두고 계획했던 일들이 흔들리기 시작했다. 마치 미해결과제를 떠안은 듯 잠도 오지 않고 그대로 멍한 상태가 되었다. 어찌 되어도 좋으니 속히 일어나시길, 엄마에 대한 걱정과 덩달아 병이 날 듯한 아버지를 포함해 무탈했던 지난날들이 이렇게 그립고, 혹 이런 시간들이 점점 더 어려워질까 마음이 복잡해지기도 한다.

엄마는 오늘도 열심히 노는 중입니다

세상이 정지되고 일상이 마비된 기간 동안 많은 생각이 스쳐갔다. 엄마가 쓰러진 날은 출판사와 출간 계약을 한 날이었다. 설날 연휴가 끝나고 3일째인 그날은 뜬금없이 눈보라가 치고 바람이 많이 불던 날이었다. 꽤 긴 시간 동안 묵혀두었던 글들이라 계약을 마치고 돌아오며 이런저런 계획을 세우고 있었다. 그때 날아온 문자가 엄마가 응급실에 계시다는 말이었고 이어서 중환자실로 들어가셨다는 소식이었다. 밤을 하얗게 지새우며 그날을 보내고 긴급 수술이 결정되며 힘든 시간이 찾아왔다.

그럼에도 순간순간 감사할 일들이 생겼다. 엄마가 쓰러지지 않았으면, 어디 부딪힌 작은 출혈이 없었다면 언제부터인가 조금씩 새고 있던 뇌혈관과 종양을 모르고 넘어갔으리라. 수혈을 해야 하는데 익명의 사람들이 해준 지정헌혈로 치료를 무사히 할 수 있었고, 주변에 기도로 돕는 많은 사람들에게도 진심 위로를 받았다. 감사함은 담대함을 갖게 했고 그렇게 시간이 지나갔다. 그리고 그동안 엄마도 아버지도 큰 병 없이 병원과 그리 친하게 지내지 않았음에도 감사하고 엄마가 85세가 되도록 우리 모두 하루하루 무탈하게 지냈음에 새삼 감사했다.

모든 일에는 명암이 있더라. 이 시간을 견디며 깨달은 말이다. 행복의 문을 열 때 슬픔이 문 뒤에서 기다리고 있다던가. 늘 쌍둥이처럼 따라다니는, 그래서 행복과 슬픔의 변주가 삶인가. 다만 변주의 폭이 얼마나 깊고 잦은지, 완만한 변주인지가 인생의 기복이겠지.

'카니발'이라는 제목의 전시에 갔을 때 최우 작가가 말했다. 전시 제목이 '카니발'인 이유는 어느 날 삼바축제 현장을 방영하는데 그런 화려함 뒤에, 버려진 쓰레기통에서 먹을 것을 줍는 사람들을 보며 화려한 축제의 빛과 이면의 어둠을 보았고 그런 양면성을 동시에 표현하고 싶어서라고 한다. 모든 일의 명암을 생각하던 나에게 얼마나 와닿던 말이던지. 화려함 뒤의 빈곤함. 그렇게 모든 일에는 양면이 있더라. 내 머릿속과 일상이 마비된 듯했던 시간 속에서도 속속들이 감사한 일들이 자꾸 생긴다. 그래서 또 살아갈 힘을 얻는다. 세상만사는 그렇게 낙관적이지만도 않지만 절망적이지만도 않더라. 그렇게 조금씩 또 성장해가는 게 인생이다.

엄마집을 청소하러 갔다가 마치 예견이나 한 듯 베란다며 장롱 속까지 이미 정리를 해놓은 것을 보고 펑펑 울었다. 두세 달 전부터 버리고 쓸고 닦아 참 바쁘다 했더니 이렇게 준비를 했었나…. 그리고 책상 위에 꽤 오랫동안 그 자리에 있었던 것 같은 원고지가 보였다. 글을 좋아하는 엄마는 워드가 아닌 원고지에 글을 썼나 보다. 엄마는 글을 잘 쓰셨다. 꾸준히 글쓰기를 하고 싶어 했고 꽤 오랫동안 수필쓰기 강좌를 수강했었다. 문득 찾아본 글은 4편. 엄마의 글은 참 정갈하고 감성이 고왔다. 수필 쓰기를 할 때 엄마가 가장 빛났는데 가족들의 무심함 속에 그 빛이 사그러들었다 생각에 가슴이 미어진다. 엄

엄마는 오늘도 열심히 노는 중입니다

마가 다시 글을 쓸 수 있었으면….

최우, 〈play ground2〉

최우 작가의 그림 〈play ground2〉 안에는 아이들이 하얀 말을 타고 놀고 있다. 아이들에겐 세상이 온통 놀이터다. 일상이 정지되고 보니 어제도 그제도 선물이었음을 깨닫는다. 오늘은 오늘로 충분한데 자꾸만 오늘이 선물이라는 걸 잊고 내일만을 기다리며 산다. '내일 하지 뭐.' 누군가의 그토록 기다리던 내일이 바로 지금 이 순간이라는 걸 잊는다. 그토록 찾던 바다가 바로 지금, 여기였다는 걸 지나고 나서야 비로소 깨닫는다. 오늘을 신나고 즐겁게 살아야지. 아직 갈 길이 멀겠지만, 엄마도 곧 세상이라는 놀이터에서 저 아이들처럼 함께 즐기게 되었으면. 지금처럼 잘 견뎌주시길. 그날이 빨리 오길. 이 책이 나오면 가장 좋아했을 엄마다. "잘했다, 내 딸, 축하해." 엄마의 달뜬 축하를 받고 싶다. 오늘도 병상에서 혼자 쓸쓸히 견뎌내고 계실 엄마에게 이 책을 바친다.

"우리 엄마, 조금만, 조금만 더 힘내…! 엄마 파이팅!"

엄마의 글을 기억하며…

아카시아꽃 향기

권정숙

오늘도 이른 아침에 어김없이 산행을 한다. 어디선가 밀려오는 향긋한 냄새에 사방을 살펴보았더니 산구릉, 산등성이 위에 울창하게 어우러져 서 있는 수목 사이사이로 아카시아 꽃이 활짝 피어 있지 않는가? 큰 나무는 머리에서 나무 밑 등걸까지 꽃으로 옷을 입었다. 마치 웨딩드레스를 입고 수줍게 서 있는 신부처럼 싱그럽다. 어떤 꽃줄기는 꽃송이가 너무 크고 많아서 힘에 겨웠던지 늘어진 소나무 가지를 넝쿨나무처럼 휘 감으면서 주렁주렁 탐스럽게 피어있다.

파라솔처럼 하늘을 가려주고 서 있는 빽빽한 소나무 잎들 사이사이로 해맑은 오월의 햇살이 눈이 부시도록 찬란하게 쏟아진다.

달콤하면서도 향기로운 아카시아 꽃향기가 미풍에 실려서 콧속으로 들어온다. 이 상큼한 향기를 어디에 비교하랴. 사람이 만든 어떤 값비싼 향수도 이 향기를 따라가지 못하리.

문득 아득한 옛날 어린 시절이 머리에 떠오른다.

아카시아 꽃이 피는 오월이면 지천으로 피어있는 아카시아 꽃나무 아래서 놀곤 했다. 큰 잎 하나씩을 따서 들고 가위바위보를 하면서 돌계단에 올라간다. 그리고는 잎맥을 사이에 두고 양쪽 옆으로 질서정연하게 붙어 있는 동그란 잎을 가위바위보에 이길 때마다 한 잎씩 따서 버리고 마지막 맨 위에 있는 한 잎까지 따서 버린 후 가장 먼저 맨 위 계단까지 올라가면 이기는 것.

그게 무엇이 그리도 재미있었던지, 만나기만 하면 깔깔거리고 즐겁기만 했다. 그 시절이 그립다. 그 어린 시절의 친구들은 지금은 어느 하늘 아래서 어떠한 모습으로 살고 있을까? 모두 잘살고 있는지…

돌아보면 참 많은 세월이 흘렀다. 어느새 인생 끝자락에 서 있는 나를 발견한다.

아카시아 꽃이 지고 있다. 대엿새나 피어 있었을까. 아침 산을 오르던 어느 날 눈송이 같이 흩날리며 떨어지는 아카시아 꽃잎을 본다. 산 구릉에도, 사람이 다니는 비탈진 산길에도 파랗게 이제 돋아난 연록색의 작은 풀잎 위에도, 마치 싸락눈이 조금 내린 것 같다.

산길 여기저기에 제멋대로 떨어져 바람이 부는 대로 아무렇게나 뒹구는 아카시아 꽃잎을 밟으며 생각에 잠긴다. 짧은 그 며칠 한순간을 피우려고 일 년을 기다리며 애쓰다니… 그 인내가 놀랍도록 가상하다.

내년에는 더 성숙해진 나뭇가지에 더 많은 풍성한 꽃을 피우리라. 그리고 더 짙고 달콤한 향기를 멀리 더 멀리 흩날리기 위해서 오늘도

엄마는 오늘도 열심히 노는 중입니다

내일도 변함없이 서 있으리. 모진 비바람과 눈보라를 견뎌내면서 묵묵히 서 있으리.

발 아래로 말라서 바람 부는 대로 뒹구는 누리끼한 아카시아 꽃잎과 함께 오월이 가고 있다.

청량산

권정숙

이른 새벽 산행에 나선다.

지금 사는 동네로 이사 온 후 십수 년 동안 거의 매일 새벽 등산을 하는 셈이다. 이젠 생활 습관이 되어버렸다.

청량산, 영일 정씨네 넓은 묘원을 끼고 소나무 숲이 우거진 숲길을 걷노라면 어느새 높이 뜬 아침 햇살이 해맑고 찬란한 빛으로 솔잎 사이사이로 눈부시게 내려온다. 그뿐인가, 맑은 공기가 그윽한 숲의 나무 향기와 어울려 말할 수 없는 상큼한 공기를 만들어준다. 산길을 따라 올라가노라면 새벽을 깨우는 새들의 우지짖는 소리가 은은한 교향곡을 듣는 것 같다.

운 좋은 날이면 언덕배기 산자락에 꿩 한 마리가 서 있는 것을 볼 수 있다. 듣기에 별로 아름답지 못한 소리를 지르지만, 그 자태만은 참 아름답다.

꿩은 의연하게 목을 빼고 서서 사방을 살핀다. 가늘고 기다란 모가지엔 고운 남색 벨트까지 둘렀다. 고대 로마 황제들의 의상보다 더 우아한 옷을 걸친 듯한 저 의연한 자태.

그런 생각을 하고 있는데 푸드득 소리와 함께 저쪽 산으로 날아간다. 깊은 숲을 향해 더 올라가노라니 머리 위 높은 소나무 위에서 무

엄마는 오늘도 열심히 노는 중입니다

슨 소리가 들린다. 쳐다보았더니 청솔모 한 마리가 높은 소나무를 이리저리 옮겨 다니면서 장난을 치고 있다. 멋스러운 긴 꼬리를 자랑스럽게 흔들면서 바쁘게 높은 나뭇가지 위를 오르락내리락 한다.

진달래, 철쭉, 개나리 등 여러 가지 봄꽃들이 피었다 지고 난 산속에는 이름 모를 야생화가 은밀하게 피어 있다. 창조주 하나님의 섬세하고 놀라운 솜씨가 새삼 경이롭다. 내 입에서 나도 모르게 노래가 절로 나온다.

산에는 꽃 피네 꽃이 피네
가을 봄 여름없이 꽃이 피네
산에 사는 작은 새는 꽃이 좋아서 사노라네

산중턱, 산허리를 이리저리 휘돌아서 내려오는 길로 접어든다. 가끔은 산 정상에 올라서 탁 트인 사면의 인천항 전경을 내려다볼 때도 있다. 가슴이 탁 트이는 시원함을 만끽하는 그 흡족함이란....

내려오는 산 맨 끝자락에는 채마밭이 있어 여러 채소들이 한창 어우러져 있다. 상추, 쑥갓, 아욱 같은 야들야들한 채소들이 파랗게 어우러져 풍요로움을 준다. 상추밭을 지나 내려오는 오솔길 옆에는 시커먼 비닐하우스 같은 움막집에 혼자 사는 한 할머니가 있다. 평생의 고된 삶을 말해주듯 허리는 꼬부라져 얼굴이 땅에 닿을 것 같다. 혼자시냐고 물어보니 아들이 넷이라고 한다. 그리고 깊은 한숨을 쉰다.

그 이상 물어볼 수가 없다. 양쪽 손에 지팡이를 짚고 겨우 뒤뚱거리며 걸어다닌다. 그래도 그 몸을 가지고 밭에서 기른 채소들을 솎아서 판다.

사람들이 내려가는 산 끝자락의 야채밭 건너편에 할머니의 가게가 있다. 가게라고 해야, 아무 나무 판대기를 주워다가 얼기설기 작은 평상을 만들고 비바람이 안 들어오도록 파란 비닐로 사방을 씌운 초라한 것이다.

할머니는 솎아온 채소를 빨간 플라스틱 바가지에 가득가득 담아서 평상 앞쪽에 한 줄로 진열해놓고 팔고 있다. 눈이 많이 나쁘신지 둔탁해 보이는 두꺼운 돋보기를 콧등에 걸고 종일 채소를 다듬고 있다. 할머니의 손은 마디마디가 모두 퉁겨져나와 있다. 그의 고된 삶을 말해주듯 참 거칠고 험한 손이다. 거기 놓인 채소들을 몽땅 팔아봐야 고작 만 원이나 조금 넘을까. 안 된 마음에 상추랑 쑥갓이랑 아욱을 한 무더기씩 사들고 벚꽃나무가 촘촘이 가로수로 늘어선 신작로로 나온다.

산은 사람들의 많은 것을 포용하고 보듬는다. 삶 속의 고난과 역경, 슬픔과 외로움, 저마다의 다른 모든 일들을 알고 있는 듯. 언제나 그 자리에 자리하고 있다.

봄에는 봄처녀처럼 고운 옷으로 단장하고 여름이면 녹음 짙은 울창한 나무들로 시원한 그늘을 만들어준다. 가을이면 오색 단풍으로 장관을 이룬다. 또 겨울이면 작은 설악산이 된다.

엄마는 오늘도 열심히 노는 중입니다

이렇게 철따라 옷을 갈아입으면서 오늘도 내일도 산을 찾는 이들을 맞고 보낸다. 그리고 그들에게 휴식과 넉넉한 마음을 안겨준다.

청량산. 그리 크지 않은 도심의 산이다. 하지만 아무리 둘러보아도 성냥갑 쌓아놓은 것 같은 이 삭막한 아파트 속에서 산소 같은 산, 이름처럼 청량제 같은 산이다. 개발이라는 이름 아래 파헤쳐지는 일 없이 언제나 우리 옆에 있었으면 좋겠다.

엄마는 오늘도
열심히 노는 중입니다

초판 1쇄 인쇄 _ 2024년 6월 1일
초판 1쇄 발행 _ 2024년 6월 10일

지은이 _ 김미경

펴낸곳 _ 바이북스
펴낸이 _ 윤옥초
책임 편집 _ 김태윤
책임 디자인 _ 이민영

ISBN _ 979-11-5877-375-5 03190

등록 _ 2005. 7. 12 | 제 313-2005-000148호

서울시 영등포구 선유로49길 23 아이에스비즈타워2차 1005호
편집 02)333-0812 | 마케팅 02)333-9918 | 팩스 02)333-9960
이메일 bybooks85@gmail.com
블로그 https://blog.naver.com/bybooks85

책값은 뒤표지에 있습니다.

책으로 아름다운 세상을 만듭니다. ― 바이북스

미래를 함께 꿈꿀 작가님의 참신한 아이디어나 원고를 기다립니다.
이메일로 접수한 원고는 검토 후 연락드리겠습니다.